谨以本书敬献给为四川地震灾区的恢复重建默默奉献的英雄们

安徽省教育厅人文社会科学（重点）研究项目
（项目编号：sk2012A032）

省际援助灾区的经济效应

对口支援政策实施的经济效应研究

——以对口支援四川灾区为例

花中东 著

北京理工大学出版社
BEIJING INSTITUTE OF TECHNOLOGY PRESS

内 容 摘 要

对口支援政策是基于我国各地区在政治、经济、文化和社会等方面发展水平存在的巨大差异，以及各地区资源分布的不平衡性的客观实际而实施的具有中国特色的特殊的横向转移支付政策。

本书选取主要能体现经济效应问题的几个不同视角，从实证的角度对对口支援作为横向转移支付的一种特殊形式促进地区间财力平衡、实现基本公共服务均等化，以及加速地区经济增长等方面所起到的作用进行分析；同时在实践上以四川灾区典型案例为分析依据，验证实施对口支援政策的经济效应及其所存在的问题，并提出相应的可行性建议。

图书在版编目（CIP）数据

省际援助灾区的经济效应：对口支援政策实施的经济效应研究：以对口支援四川灾区为例/花中东著. —北京：北京理工大学出版社，2014.11

ISBN 978-7-5640-9911-4

Ⅰ.①省…　Ⅱ.①花…　Ⅲ.①灾区-经济援助-研究-中国　Ⅳ.①F127 ②D632.5

中国版本图书馆 CIP 数据核字（2014）第 247178 号

出版发行 /北京理工大学出版社有限责任公司
社　　址 /北京市海淀区中关村南大街 5 号
邮　　编 /100081
电　　话 /（010）68914775（总编室）
　　　　　82562903（教材售后服务热线）
　　　　　68948351（其他图书服务热线）
网　　址 /http：//www.bitpress.com.cn
经　　销 /全国各地新华书店
印　　刷 /北京通州皇家印刷厂
开　　本 /710 毫米×1000 毫米　1/16
印　　张 /7
字　　数 /127 千字
版　　次 /2014 年 11 月第 1 版　2014 年 11 月第 1 次印刷
定　　价 /38.00 元

责任编辑 /刘永兵
文案编辑 /王晓莉
责任校对 /周瑞红
责任印制 /李志强

前　言

2008年5月12日，四川省汶川等地区发生了里氏8.0级特大地震，由于其震源深度仅为10~20千米，因此破坏性巨大。其影响区域包括震中50千米范围内的县城和200千米范围内的大中城市，不仅包括我国境内的上海、北京等地，甚至东南亚、日本等地均有震感。汶川大地震是中华人民共和国自成立有记录以来破坏性最强、波及范围最广的地震，直接严重受灾地区达10万平方千米。截至2008年8月12日12时，四川汶川地震已造成69 229人遇难、374 643人受伤、17 923人失踪，累计受灾人数达46 162 165人，直接经济损失达8 451亿元。

2008年5月12日四川汶川特大地震发生后，中共中央决定举全国之力加快灾后恢复重建，坚持“一方有难、八方支援，自力更生、艰苦奋斗”的方针，按照“一省帮一重灾县”的原则，合理配置力量，建立对口支援机制。“天灾无情人有情”，各对口支援省市依据中央指示和各地的实际灾情，迅速展开灾后恢复重建的各项工作。对口援助的救灾重建工作迅速、有效地解决了灾区亟待解决的短期需要，也在很大程度上为受灾地区的长期建设与发展奠定了现实基础：从城乡群众住房建设到学校、医院、福利院等公共基础设施和服务设施的建设，从农村基本生产能力恢复到工业经济园区的建设，多达四千多个项目陆续实施。在各支援省市倾情援建下，昔日满目疮痍、举国情牵的地震灾区，如今万象更新、生机勃勃，稳步前行在跨越发展的道路上。

本书正是以“5·12”汶川大地震及震后灾区的恢复重建为背景，展开对对口支援政策实施效应的初步探讨。

对口支援政策是基于我国各地区在政治、经济、文化和社会等方面发展水平存在的巨大差异，以及各地区资源分布的不平衡性的客观实际而实施的具有中国特色的特殊的横向转移支付政策。

横向转移支付是大多发达市场经济国家分税制财政体制的重要内容之一，其主要是用来调节各区域间财政的分配关系。1994年以来，我国随着市场化改革的深入，各地区间社会经济发展的差距正逐步扩大。党的十八届三中全会中指出，我国社会经济发展面临不平衡、不协调、不可持续问题依然突出，科技创新能力不强，产业结构不合理，发展方式依然粗放，城乡区域发展差距和居民收入分配差距依然较大，社会矛盾明显增多，等等。因此，在现实中如何解决地区发展不平衡的问题，促进地区的协调发展；如何运用财政及其他经济手段，有效协调地区之间社会经济发展的不平衡，这在一定程度上关系到我国政治的稳定、和谐社会的构建以及经济的平稳协调发展。国家为适应市场经济整体发展的要求，进一步调整和完善财税体制机制，出台了一系列财税改革措施，在确保各地区稳步发展的基础上，在一定程度上控制了地区间经济差距日益扩大的趋势，为逐步实现我国区域间基本公共服务均等化及地区间均衡协调发展的目标奠定了现实和制度基础。

作为横向转移支付特殊形式的对口支援，多年来有效促进了我国各地区的协作与交流、增强了各地区社会经济协调发展能力，在维护民族团结等方面也起到了显著的作用，但同时也依然存在着运作机制不完善、监督不力、管理松散、立法滞后等问题。因此，我们要将这种短期内能够发挥显著效应的应急措施规范为长期的地区均衡机制，即建立适合中国国情的横向财政转移支付制度。最终，立足于中国的实际情况，建立起“纵向为主、横向为辅、纵横交错”的财政转移支付体系。

本书选取主要能体现经济效应问题的几个不同视角：地区间财力平衡、基本公共服务均等化与地区经济增长，以及公共资金的运行和管理监督等，通过作者尽可能收集的第一手资料和数据，从实证的角度对对口支援作为横向转移支付的一种特殊形式，对促进地区间财力平衡、实现基本公共服务均等化以及加促地区经济增长所起到的作用及呈现的经济效应进行分析；同时在实践上以四川灾区典型案例为分析依据，验证实施对口支援政策的经济效应及其存在的问题，并提出相应的政策建言。

尽管对口支援政策实施过程中依然存在诸多问题，但不可否认的是，以对口支援为形式的横向转移支付使得富裕的省份与落后的省份形成强弱联合，对于开发国内潜在市场、优化地区产业结构、引导和调整消费结构都有着十分重大的现实意义。而其最终目的也正是缩小各地区间财政能力的差异，从而实现地区间财力横向均衡，推动各地区经济社会的发展，实现共同繁荣。

本书大部分内容来自作者的高校人文社科重点课题和其他有关方面课题项目，同时也是近几年来对若干财政问题学习的初步成果。其中的部分内容是与课题组同事们及相关专家共同研究的成果，经得他们的同意后将这些内容纳入书中并加以注明。在此，向参与课题的同事以及各位专家老师表达内心深深的感谢。

到目前为止，与对口支援政策相关的问题尚缺乏系统的研究，由于收集数据很难，以及政策涉及范围很广，学界也很少有人着手去深入研究，相关的专业著作几乎为零。厘清对口支援的意义和作用是很有必要的，也许它能够为将来的财政体制改革提供制度外的思路。着手于对口支援政策实施的经济效应研究是作者的一次尝试，现下的理论跟实证模型都无从参考。倘若本书能抛砖引玉，推动我国对口支援研究的进展，为我国的对口支援政策研究做好铺路石子尽一份微薄之力，于作者而言则是莫大之幸。

花中东

目 录

导 论

一、概念与研究范围的界定

省际对口支援，其本质上是一种地方政府间公共财政资金横向转移支付，它是为了调整地区之间的经济发展差异，也是我国所特有的一种横向财政转移支付形式。根据官方的界定：对口支援，即结对支援，是区域、行业乃至部门间开展合作和交流的有效形式。通常泛指国家在制定宏观政策时，为支持某一区域或某一行业，采取不同区域、行业之间结对形成支援关系，使双方区位或行业的优势得到有效发挥。同时便于不发达地区向发达地区学习先进的管理和发展经验。由于我国地区之间的发展差距较大，东部地区跟西部地区的基层财政状况不一样，其政策的实施初衷主要是支援边境落后地区和少数民族地区的发展。东部地区由于地理位置优越，经济相对发达，容易筹集财政资金，财政上比较富余；而西部地区由于地理位置偏僻，经济条件落后，在财政支出上每每捉襟见肘，入不敷出。故而东西部地区存在着较大的互补空间，国家鉴于此，在 1979 年提出东部地区对西部地区实施有计划的援助政策，以协调经济发展，促进共同富裕。

经过多年的政策演变和不断完善，我国所实施的省际对口援助形式主要包括单方面的援助行为和双方面互惠互利的对口援助，单方面的援助行为又包括：一般意义的常态下的对口支援，如我国先进省市对落后地区的对口支援；对特定目标对象的援助，如三峡库区的对口支援建设；突发事件下的对口支援，如各地对汶川、玉树等灾区的援助。笔者对对口支援的经济效应问题的研究着力于由于外生因素导致短时间内地区生产力受到极大破坏的地区的事件问题研究，即单方面突发事件下的对口支援。原因在于由于受到市场外生因素的巨大影响，如旱灾、水灾、雪灾、地震等严重自然灾害（汶川、玉树地震）或者国家重大建设项目（如三峡移民工程等），使得当地的生产力受到极大破坏，人们的基本生活得不到应有保障，仅仅依靠国家财政转移支付或民间募捐等方式，不仅在财力支持能力上受到限制，而且也无法解决所面对的方方面面的问题。在这种情况下，对口支援不仅能提供资金方面的有效援助，同时可以依据当地的具体情况有针对性地提供物资、人员、技术、教育、医疗、就业等方面援助，所涉及的领域也非常广泛，能够在短期内（一两年）恢复当地的生产能力，保障人民的基本生活需求等。这主要是一种单方面的援助行为，这种对口支援形式在我国过去有，现在也有，将来还会存在。而由于市场内生因素形成的贫穷落后的单方面对口支援以及由于市场机制自发形成的双方面互惠互利的对口援助，主要基于市场内生因素，其运行机制较为复杂，由于存在着历史、自然条件、道德传统、管理机制、宗教信仰、文化习俗等多方面复杂的原因，应视它们各自情况和环境而具体地分析，不属于本书的主要研究范围。因此本书主要是基于对四川灾区的案例分析①。

需要注意的是，对口支援这种形式的转移支付，跟纵向的财政转移支付有着不同的表现形式，它不仅仅限于财政资金上的支出，还表现为直接的援助，包括管理体制、科学技术、公共服务知识、发展观念、物资拨付等支援。总之，支援的形式较之转移支付更为多样化，也更能够起到直接帮扶的目的。

二、提出问题

随着我国财政体制改革的进展和转移支付体系的逐步完善，我们是否有保存对口支援的必要性？对口支援跟转移支付比较有哪些优点？我国自 1979 年实施对口支援以来，已经有 30 多年的时间，这期间对口支援所起的效果究竟如何？对口支援能不能起到促进不发达地区经济增长的目的？我国省际对口援助政策实施以来，无论是理论层面还是运行机制方面尚处于探索阶段，目前有限的相关文献中，刘铁分析了对口支援与分税制下财政均衡之间的关系，认为对口支援政策实施方案及过程均体现了财政均衡的理论；钟开斌通过对口支援灾区的起源与形成的研究表明，我国对口援助灾区政策在规模、内容、机制、投入和时间上都有了新的飞跃；宋耀辉、马慧兰、赵明刚对我国对口支援政策的理论基础及运行模式进行了初步探讨。然而，由于资料和数据收集的可获得性，政策本身所涉及的行政性因素等，与对口支援政策相关的一些问题很多学者并未给予关注，如：省际对口支援政策实施的效果究竟如何？对口支援政策的实施能为转移支付制度的运行提供多大的互补效应？它是如何与现行的财政体制相配套的，又是如何演变与发展的？当前的对口支援政策存在哪些弱点，哪些地方存在改进的空间？如何构建与社会主义市场经济体制相适应的对口支援体系，走出一条具有中国特色的社会主义横向财政转移支付体系？面对未来的发展变化，对口支援又应当如何去调整和面对？等等。因此，厘清对口支援的意义和作用是很有必要的，也许它能够为将来的财政体制改革提供制度外的思路。

---

① 为了较为全面地反映对口支援政策的实施，少部分内容也引用了三峡库区及少数民族地区对口援助资料。

三、文献回顾

对口支援是基于我国的国情所实施的一项具有中国特色的政策，因而有关对口支援政策方面的研究国外几乎没有，主要限于国内。笔者收集了相关资料，发现，目前我国学者对于对口支援方面的研究相对较少，而针对对口支援政策的全面、系统的研究的著作就更少，尤其是对经济效应方面。整理的文献大致可分为以下几个方面：

1. 横向转移支付法制制度研究综述

鉴于中国同级政府间横向财政转移支付的立法和实践仍基本处于空白状态，何遐祥将中国现阶段建立的横向转移支付法律制度功能定位在实现横向财政平衡，促进地区合作发展，缩小民族、区域差距上，并在《中华人民共和国预算法》和《中华人民共和国财政转移支付法》中反映出横向转移支付的要求，对建立横向转移支付法律制度的必要性和可行性作了研究，同时建议要建立横向转移制度支付的法律制度的配套改革。而杨道波认为我国地方政府之间虽然没有规范化、公式化、法制化的横向转移支付制度，但具有横向转移支付性质的对口支援和经济技术协作法律制度早已存在，尽管与规范化的财政转移支付制度存在很大差距，但至少提供了地方政府之间资金转移、项目合作的现实可能性，因而建议从法律制度体系本身的协调性、法律制度有效的实施机制，以及建立市场化的跨地区企业协作机制和支援项目的跟踪协调制度三方面完善这项法律制度。耿梅慧依据目前我国实行的纵向财政转移支付制度中所存在的问题，提出建立横向财政转移支付是解决各地区差异的重要举措，并以法律加以保障，建立中国特色的横向财政转移支付法律制度势在必行。

2. 横向转移支付标准研究综述

毛蕾、王海萍借鉴德国的经验认为，应彻底摒弃“基数法”，实行“因素法”；省际的横向转移支付，根据各省的人口及财力之和来确定“全国财力人均值”，并以此为标准来核算各省（县）实际人均财力水平；横向的财政平衡本身又是通过增值税的预先平衡、财力水平平衡、联邦补助拨款三个步骤实施的。王恩奉以财力人均值为标准，采取“削峰填谷”的方式按比例提取，按比例补助，将人均财力高的地区向人均财力低的地区转移；根据目前我国地区之间的财力差异，对人均财力水平 150% 以上的部分按 10% 的比例、200% 以上的部分按 15% 的比例提取集中，对人均财力水平低于 100% 的地区按 10% 的比例进行补助。

3. 横向转移支付管理与监督体制研究综述

廖红丰、马玲对在既定的财政体制下，横向财政转移支付中同级的各地方政府之间财政资金的相互转移进行了博弈分析，研究在中央政府财力有限的情况下，如何合理地调动地区之间不同形式的合作；张庆杰、陈秀山、张启春对完善管理体制机制、促进区域均衡协调发展、转移支付制度的调整和创新等问题进行了研究。赵延海借鉴对口援疆政策实施过程中资金使用的管理与监督存在的管理不规范、方式不统一、拨付不及时以及监管模式不合理等问题进行了深入分析，并提出加强援助资金监督管理的可行性建议。

4. 横向转移支付长效机制研究综述

俞晓晶认为，两地政府之间的合作态度影响着对口支援的成效，而以产业转移为主要方式的长效合作——通过产业转移，促进受援地区优势产业的发展以及传统产业的改造，不仅能够实现受援地区的自我发展，还能够实现双方合作的"共赢"；刘铁以汶川地震灾后重建对口支援模式演变作为研究视角，通过对我国对口援助长效机制的构建考察后认为，灾后恢复重建是一项庞大的系统工程，我国目前对口支援的方式在现实中已经从临时性的援助悄然转变为援助与合作相结合的多种模式。从全国对口支援行为模式演变的角度来看，对口支援长效机制的建立是今后努力的方向，并对我国对口援助法律制度的构建提出了可行性的设想。邓宏兵、杨喻兵分析了对口支援框架下产业转移与承接的背景及意义，从转移农业新技术、建设工业园区、对接招商等角度，总结了对口支援框架下产业转移与承接的模式；提出对口支援框架下产业转移与承接的途径。同时认为灾后对口支援框架下产业转移与承接的政策体系建设非常重要，操作层面上的重点是企业援助政策、土地支撑政策、人才支撑政策及科技支撑政策的出台和实施到位，并以此提出了相关建议。

5. 关于对口支援其他方面的研究

刘铁以汶川地震灾后恢复重建为例，对对口支援行为模式的演变进行了跟踪，并从地方政府的行为逻辑对这种行为模式转变的理论基础予以分析后认为，由于地方政府在宪法上的地位具有相对独立性，其事权与财权也具有相对的独立性，因此，援助方的地方政府在完成中央任务的同时，还期望付出能够得到一定的回报，地方政府之间往往就会寻求一种合法的方式来实现自身的利益诉求。同时，刘铁针对《汶川地震灾后恢复重建对口支援方案》的具体内容进行了实证分析，将对口支援与分税制下的财政均衡关系进行了深入剖析后认为，对口支援其本质上是地方政府间的横向转移支付，该方案实施的基本原则、结对关系、实施内容及对口援助额等均体现了财政均衡的理念。张建欣、罗江华、王辉梳理了国家相关部门出台的宏观政策中与教育信息化有关的内容，以及地方政府出台的配套政策，通过总结这些政策旨在说明对灾区教育信息化的作用和意义，为进一步研究灾区的教育信息化问题提供参考。此外，王忠东、郭松朋从对口支援工作中的政府责任的视角，提出了政府应从资金和政策两个方面加大对口支援的支持力度，建立健全对口支援政策体系和运行机制，均衡教育公平发展，加大对口支援的宣传力度。沈文伟、黄月珍运用"抉择分析（Choice Analysis）"，针对我国汶川灾区重建政策实施的筛选基础、资金开源、政策推行以及收益类型四个层面进行了深入剖析，指出具有中国特色的垂直的政策制定结构的特点，为国外提供治理灾害的参考和对比价值。

目前对对口支援政策的研究范围，主要集中在横向转移支付制度运行的理论领域，如对横向转移支付法制制度的研究、管理监督体制的研究以及具体实施方法的研究。而我国实施对口支援政策的根本目的，在于通过先进地区的对口援助有效促进贫穷落后地区的社会公平、经济发展，以达到共同协调发展。作为横向转移支付特殊形式的对口支援政策在实施过程中发挥了多大社会公平效应，产生了多少经济效应，这个问题不仅有理论意义，而且有着深远的现实意义，但在此方面的研究目前欠缺。

四、本文的研究思路与基本框架

由于资料和数据收集方面的难度，本书无法对我国 1979 年以来的对口支援状况做详细地实证分析，只能就能够收集的部分进行初步分析；本文将主要考虑对口支援存在的必要性，并将其与我国的转移支付体系作比较，寻求对口支援对转移支付的补充特性。本文实证分析的重点将集中在四川灾区，分析当前四川灾区转移支付的运行情况和存在的问题，同时对对口支援在四川灾区产生的经济效应进行分析和预测。最后提出对口支援的缺陷和不足，同时提出相应的政策和建议。

鉴于以上方面的考虑，可以从以下几个方面展开对口支援政策的经济效应问题研究：第一，保障和改善民生。对口支援通过横向转移支付对地区间财力均衡和基本公共服务所起到的效应，对口支援的横向转移，将富裕地区的资金援助到资金缺乏的受援地区，增强基层政府财政支付和基本公共服务的能力以保证基本民生需求，从而提高社会整体福利水平和经济发展基础。第二，促进地方社会经济增长。在对口支援政策实施过程中，通过政府力量和市场力量的双重作用，短期内对地区经济的发展起到直接推动效应，从长期效应看受援地区自身经济发展潜力得到巩固和提高，真正具备市场竞争力和生存力，从而产生通过其自身“造血”机能而实现的经济效应，以达到最终促进地区间经济增长的目的。第三，在我国目前“纵向为主，横向为辅，纵横交错”的转移支付模式和转移支付制度运行存在自身难以克服的缺陷的情况下，省际对口援助政策对我国政府间转移支付制度的运行起到补充效应。本书选取我国对口支援政策实施较为典型的分析案例（如四川灾区等），实证检验我国对口支援政策的实施成果及其经济效应。

本书共分四部分。第一部分（导论）：界定全书研究的问题及范围，阐明整体思路和逻辑框架、研究路径和方法，同时说明全书的创新之处与不足之处。

第二部分（第一章）：阐明该政策的形成起源、政策实施的理论依据以及对口支援实践运行状况，并主要以四川灾区为例简介政策实施的成效。

第三部分（第二章至第五章）：以四川灾区典型的具体案例为例，运用实证研究的方法检验我国省际对口援助政策实施的经济效应。主要内容包括：第二章是对省际对口支援下实现地区间基本公共服务均等化效应进行分析；第三章在第二章实证研究基础上，继续以四川灾区为例，实证检验省际对口支援政策实施促进地方经济增长效应；第四章针对我国目前转移支付制度运行中所存在的问题，通过典型案例检验作为我国特有的横向转移支付模式的省际对口支援在实践运作过程中对转移支付制度所存在缺陷的补充效应；第五章得出研究结论，并针对省际对口支援政策实施中的缺陷与不足，提出相应的政策建言。

第四部分（第六章）：作为全文的补充部分，主要是针对省际对口援助政策实施过程中“公共援助资金的运作和监管”与“政策实施的长效运行机制”两方面的进一步分析与思考。

五、研究的路径和方法

从目前研究的计划来看，本书所运用的具体研究方法有：理论规范分析与实证研究相结合、定性分析与定量分析相结合，以及文献研究与实地调查问卷。一是在对口支援政策与转移支付制度的理论基础研究中，以十八大精神与科学发展观为指导，以西方经典经济理论作为借鉴，合理运用归纳和演绎、分析与综合、抽象与具体等方法形成全书构思的基本框架和内核。二是规范分析与实证分析相结合。全书研究从对口支援政策与转移支付制度最本质的规律和特征出发，在具有中国特色的社会主义市场经济的政策实施和财政制度运行的大环境下，提出我国对口支援政策实施与转移支付制度运行的基本行为准则；在此基础上，通过尽可能翔实的资料和数据，运用实证研究的方法，从我国现行的政策实施与制度运行成效、存在的问题以及机制性成因出发，提出构建与我国现行国情相适应的政策措施与制度机制所必须解决的若干问题及可能的政策建议。例如拟通过运用政策实施和制度运行的理论依据分析财政均等化的规模和结构以及在促进地方短期经济增长时的计量模型，并借助凯恩斯模型检测对口支援的长期乘数效应等方法，指出对口支援政策实施过程中存在的问题，并提出可行的政策建议。三是采用比较分析法。通过比较分析我国转移支付制度运行中存在的问题和缺陷与对口支援政策实施后取得的显著的实际成效，总结归纳出机制互补效应中值得借鉴的方面，为我国建设中国特色的对口支援政策的实施提供有益的经验。此外，全书还运用了文献研究与实地调查问卷法，将与对口支援有关的文章、论著、文件、档案、图片、表格、数据等进行整理汇总和分析，并贯穿于整个研究过程。同时，以最大的努力到对口支援受援区基层调研，收集资料和数据，通过实地的调查与问卷，到受援区现场观察、询问、座谈等方法，并辅之以电话、邮件、网络以及挂号信函等方式，尽可能获得第一手资料。

六、本书的创新和不足

（1）创新之处。首先，论题具有创新性。本书论题所选方向几乎为当前国内研究空白，凡有关对口支援方面的正式研究几乎为零。其次本书力图将对口支援演变与我国财政体制和经济体制改革的历史进程联系起来，分析它们之间相得益彰的关系。其次，在讨论对口支援的经济效益部分，笔者借鉴了凯恩斯模型，运用计量手段预测储蓄率，然后设计了预测的模型。

（2）不足之处。首先，本书缺乏必要的数据。凡有关对口支援的数据绝大部分都无笈可查，由于数据收集方面的难度很大，本书无法对我国 1979 年以来的对口支援状况做详细的实证分析，仅能够就有限的数据进行分析；能够找到的数据，也是零零散散，要花费大量的精力进行处理。所以要依靠数据来提供令人信服的理由较为困难。其次，现下的理论与实证模型都无从参考，对财政体制改革的梳理以及转移支付与对口支援的关系的厘清也有待进一步详细说明。

第一章 省际对口支援实践发展历程

第一节 对口支援政策形成起源及背景

对口支援政策是在我国现行政治制度环境下诞生和逐步发展而形成的一种中国所特有的政策形式。其思想雏形萌发于20世纪50年代，开始出现于60年代，首次提出于1979年“全国边防工作会议”，并通过中共中央〔1979〕52号文件正式以国家政策形式得以确立。

对贫困地区及灾区的援助行为，可追溯到新中国成立前的抗战期间尤其是解放战争时期解放区人民与人民子弟兵之间的相互无偿支援和帮助。中华人民共和国成立后，自1953年在中共华北局领导下积极援助华北地区的涝灾、旱灾，1955年湖南省委积极组织各地援助洞庭湖地区的春耕生产，到1956年北京、天津、西安等地市援助河北地区的救灾生产和1960年上海、江苏、浙江、安徽、江西、福建等省市援助山东地区大量救灾物资，以及20世纪50年代中期到60年代初，上海派出金融、建筑、纺织、电力、机械、高教等行业的数万名干部、工人和知识分子支援陕西建设等，该时期各地区间的援助形式逐步由小范围的地区内发展到跨地区和省份的结对支援模式，并使得这一援助模式在我国很多富庶与贫困地区之间，尤其是遭遇灾害之后各地区之间相互帮扶和支援的活动被普遍接受和保存下来。尽管此时尚未提出“对口支援”的政策概念，但一些区域间的相互援助交流与协作已初具规模，在实践实施过程中，这种援助模式的内容、形式、规模以及实施的区域范围等方面都在逐步丰富和扩展，为后来我国省际对口支援政策的形成和提出奠定了现实基础。

一、对口支援政策的出台

1978年是中华人民共和国成立以来干旱最严重的年份之一。由于在此之前，我国省内及省际不同地区、部门及行业之间的对口援助形式已被普遍认可与接收，在1978年的抗旱灾过程中，旱灾最严重的湖北，在省委省政府的领导下，充分运用对口支援的形式，组织各地区间进行结对援助，取得了巨大成功，并通过《人民日报》作为一种救灾经验被正式提出：“在抗旱中，湖北省创造了城乡结合、厂社挂钩、对口支援的新经验，把城市和工矿企业的力量更好地动员起来，进一步发挥工业的主导作用，加强了对抗旱的支援。”

此后，对口支援灾区及贫困地区作为一项政策经验在全国得到普遍推广和应用。中央政府在1979年的“全国边防工作会议”上提议，以中共中央〔1979〕52号文件形式提出“对口支援”政策，并提出“组织内地发达省市实行对口支援边境地区和少数民族地区。即北京支援内蒙古，河北支援贵州，江苏支援广西、新疆，山东支援青海，天津支援甘肃，上海支援云南、宁夏，全国支援西藏”，同时确定了“东部沿海发达的省市对口援助相对贫困的五个自治区和云南、贵州、青海等少数民族较为集中的地区”的实施方案。为此后的政策运行奠定了政策保障和支持。

二、对口支援政策起步与实践进程

政策出台的初期，其实施目的还主要是一种短期应急措施，在援助的规模和范围上都相对较小，在具体内容上也只是支援方对受援方提供一定程度人力、财力、物力方面支持的地区间结对援助，总体上还处于起步阶段。

根据中央52号文件指示精神，各地组织力量，制订计划，摸索经验，积极开展物资、技术支援协作。

1982年10月，国家计委和国家民委在银川召开了“经济发达省、市同少数民族地区对口支援和经济技术协作工作座谈会”，会议总结了经验，并制定了有关政策措施。

1983年1月，国务院批转了《关于组织发达省、市同少数民族地区对口支援和经济技术协作工作座谈会纪要》（国发〔1983〕7号），并确定对口支援工作由国家经委、国家计委、国家民委共同负责，由国家经委牵头。

1984年3月，中央召开第二次西藏工作座谈会，开启了全国性援藏工程，并确定由北京、天津、上海、四川、江苏、浙江、山东、福建8省市支援西藏43项工程。

1984年9月，经国务院批准，国家经委、国家计委、国家民委和国家物资局共同在天津召开了“全国经济技术协作和对口支援会议”，有力地推动了对口支援工作的全面开展。各地按照“扬长避短、互利互惠、互相支援、共同发展”的原则，大力开展对口支援和经济技术协作，对口支援范围和领域不断扩大，形式也多种多样。如国家新增加了上海支援新疆、西藏，广东支援贵州，沈阳、武汉支援青海。各民主党派和全国工商联开展了对少数民族地区的经济咨询服务和智力支边活动。在我国少数民族比较集中的西南和西北地区，形成了西南六省（自治区、直辖市）七方（云南、贵州、四川、广西、西藏、重庆、成都）经济协作区和西北五省区（陕西、甘肃、宁夏、青海、新疆）经济协作区，并各自成立了协调组织。同年10月1日《中华人民共和国民族区域自治法》开始实施，其中的第61条规定："上级国家机关应当组织和支持经济发达地区与民族自治地方开展经济、技术协作，帮助和促进民族自治地方提高经营管理水平和生产技术水平。"为不同区域间的对口援助与经济技术协作提供了坚实的法律保障。

对口支援政策实施不仅对贫困地区及少数民族地区的发展起到了显著的帮扶作用，随着社会经济的不断推进，而且还对打破地区间的封锁，加强横向经济联系和协作起到了积极的推进作用。

1986年3月，随着以城市企业改革为中心环节的改革不断深化，横向经济联合发展很快，国务院颁发了《关于进一步推动横向经济联合若干问题的规定》(国发〔1986〕36号)。横向联合和对口支援以企业联合为主要形式，并向企业集团化方向发展。以大中城市和经济领域为中心的经济区域网络得到较快发展。这一时期的对口支援工作围绕着搞活企业、调整结构、优化资源配置而开展，支援和协作的领域也从经济领域进一步扩大到文化、教育、卫生等社会发展领域。

三、对口支援政策的丰富与发展

随着对口支援政策在实践过程中取得显著成果，该政策得到了党中央、国务院的高度重视，多次重申继续做好区域间的对口支援工作。1990年12月，党的十三届七中全会通过的《中共中央关于制定国民经济和社会发展十年规划和"八五"计划的建议》中，明确要求"经济比较发达的沿海省、市，应当分别同内地一两个经济比较落后的省、区签订协议或合同，采取经验介绍、技术转让、人才交流、资金和物资支持等方式，负责帮助他们加快经济的发展"，为对口支援政策在新的历史条件下的不断丰富和发展指明了方向。

1992年，国务院批复了国家民委在上海召开的"全国部分省区直辖市对口支援工作座谈会"的报告《关于进一步开展对口支援的请示》，并确定由国家计委牵头，国家民委、国务院生产办共同参加，归口统一领导，组织协调对口支援工作。这一阶段，对口支援工作被提到了一个新的高度。对口支援的内容也有新的补充，如在干部交流、边境贸易、发展外向型经济等方面有了新的进展，取得了显著成效。对口支援被引入更广的范围，如对口支援三峡工程、对口帮扶贫困地区等。

1996年1月，中共中央办公厅与国务院办公厅转发的《民政部、国务院扶贫开发领导小组关于在大中城市开展经常性捐助活动支援灾区、贫困地区的意见》(中办发〔1996〕1号)，明确要求把开展经常性社会捐助活动作为社会主义精神文明建设的一项重要工作抓紧抓好。同年，国务院扶贫领导小组和民政部拟定了"关于在大中城市开展经常性捐助活动支援灾区、贫困地区的意见"，并开始探索省区域内与省际对口支援开展捐助活动的办法，在大中城市开展经常性捐助活动支援灾区、贫困地区，提高对口支援捐助活动的制度化、规范化水平。

1998 年，我国发生了自 1954 年以来的特大洪灾，近三十个省（直辖市、自治区）遭遇了程度不等的损失，其中黑龙江、吉林、内蒙古、湖南、湖北等地区灾害最严重。特大洪水灾害发生后，一方面中央各部委、直属机关、企业继续对受灾地区实施传统的纵向对口支援政策；另一方面在全国范围内首次启动非灾区、轻灾区对重灾区省份的省际横向对口支援。民政部、教育部、卫生部分别制定了对受灾省份进行对口支援的规划方案。卫生部规划由北京、天津、河北、山西、山东、浙江、上海及广东 8 省市，对洪涝区域的卫生医疗方面进行援助。教育部也确定了北京等 11 省市与受灾区域严重的 7 个省份之间的对口援助关系，并将各支援方省市教育系统募集到的物资直接运送到对口受援省份的教育系统。与此同时，各省内也展开了对受灾地区的对口援助活动。如吉林省直属 147 个部门和省军区、长春市、吉林市等，按照省里统一安排，统筹资金，帮助对口村镇建设灾民住房。1999 年 10 月底，受灾最严重的白城地区，各级政府共投入建房资金 22.7 亿元，建成新房 240 间 756 万平方米，灾民基本上住进了新房。

2001 年 9 月，中共中央办公厅、国务院办公厅转发《民政部关于进一步开展经常性社会捐助活动的意见》，进一步强调完善经常性社会捐助工作的管理体制和运行机制，并规定“跨省市自治区对口支援所需的铁路运输费用由中央财政给予补助”。此后，民政部确立了沿海发达地区广东、福建、浙江、江苏、山东 5 省，北京、上海、天津 3 个直辖市，以及大连、青岛、宁波、深圳 4 个计划单列市对口帮扶中西部 10 省区的省际援助方案。各省内部也结合实际确定了地区间对口支援方案。同年，国家对《长江三峡工程建设移民条例》和《中华人民共和国民族区域自治法》进行了修订，其中对口支援政策得到了延续和强化。

2008 年 5 月 12 日，四川汶川特大地震灾害发生后，中央高层再次在全国范围内紧急启动省际对口援助。5 月 20 日，民政部下达《关于实施对口支援四川汶川特大地震灾区工作的紧急通知》，要求河南、山东、浙江、江苏、广东、湖北 6 省，分别对口援助四川的受灾市县。5 月 22 日，民政部再发《关于对口支援四川汶川特大地震灾区的紧急通知》，调整和扩大了支援力度，要求各省民政部门分别对口支援四川的 21 个重灾县区及陕西、甘肃灾区。5 月 26 日，中共中央政治局会议研究部署抗震救灾和灾后恢复重建工作，明确提出“建立对口支援机制，举全国之力，加快灾区的恢复重建”。5 月 27 日，国务院抗震救灾总指挥部明确指出“实行一省帮扶一重灾县，几省帮一重灾市州，举全国之力，加快恢复重建”。6 月 5 日，中共中央政治局常务委员会召开会议，研究部署汶川地震灾后恢复重建对口支援工作，强调要坚持“一方有难、八方支援，自力更生、艰苦奋斗”的方法，按照“一省帮一重灾县”的原则，合理配置力量，建立对口支援机制，组织有关省市对口支援灾区，加快灾后恢复重建。6月8日实施国务院令第526号《汶川地震灾后恢复重建条例》，将对口支援纳入法制化轨道。6月11日，国务院办公厅印发《汶川地震灾后恢复重建对口支援方案》（国办发〔2008〕53号），明确东部和中部19个省市对口支援四川省、甘肃省、陕西省的24个县（市、区），未纳入对口支援的受灾县（市、区）由所在省人民政府组织本省范围内的对口支援。各支援方省市对口支援期限按3年安排，东部和中部19个省市每年对口支援实物工作量不低于本省市上年地方财政收入的1%。2008年汶川灾后恢复重建的对口支援具体实践中，在援助规模、实施内容、运行机制、投入总量以及持续时间上都有了新的飞跃。四川省汶川等地区对口援助的恢复重建不仅在短期取得了显著的社会和经济效应，为后来的青海玉树等其他地区的对口援助提供了宝贵的经验，而且也为我国省际各地区的长期对口合作，运用横向援助方式平衡地区间的社会经济发展提供了深度研究的平台。随着对口支援政策在实践过程中取得成效，地区间结对援助已不仅限于富裕地区对贫穷地区或少数民族地区的援助，也不仅限于对突发自然灾害的援助，已逐步扩展到公共服务领域以及其他各方面。社会实践的需要促使省际对口支援实施在广度上不断扩展，在运行机制和实施方式、内容上不断丰富深化。理论来源于实践，又最终回到实践中服务社会。为便于展开对省际对口支援的研究，本书以四川省汶川等地区最为典型的对口援建实践案例为基础，选取对口援助的经济效应为主要视角，旨在进一步分析我国省际对口支援实践运行过程中的实际效应与存在问题。

附：《汶川地震灾后恢复重建对口支援方案》

汶川地震灾后恢复重建对口支援方案

灾后恢复重建是一项十分艰巨的任务。为举全国之力，加快地震灾区灾后恢复重建，并使各地的对口支援工作有序开展，经党中央、国务院同意，建立灾后恢复重建对口支援机制。

一、灾后恢复重建对口支援的基本原则

（一）坚持一方有难、八方支援，自力更生、艰苦奋斗的方针，承担对口支援任务的有关省市积极为灾区提供人力、物力、财力、智力等各种形式的支援；受援地区树立地方为主的思想，充分发挥干部群众的积极性，互帮互助，苦干实干，生产自救，重建家园。

（二）根据各地经济发展水平和区域发展战略，中央统筹协调，组织东部和中部地区省市支援地震受灾地区。

（三）按照“一省帮一重灾县”的原则，依据支援方经济能力和受援方灾情程度，合理配置力量，建立对口支援机制。在具体安排时，尽量与安置受灾群众阶段已形成的对口支援关系相衔接。

（四）对口支援期限按3年安排。在国家的支持下，集各方之力，基本实现灾后恢复重建规划的目标。

二、对口支援安排方案

（一）支援方。

东部和中部地区共19个省市，考虑海南省的实际情况不作安排；同时考虑重庆市是直辖市，且与四川的历史联系，西部地区安排重庆市承担对口支援任务。支援省市为19个，即广东、江苏、上海、山东、浙江、北京、辽宁、河南、河北、山西、福建、湖南、湖北、安徽、天津、黑龙江、重庆、江西、吉林。

（二）受援方。

根据国家地震局提供的汶川地震烈度区划和四川省提供的受灾县（市）灾情程度，将四川省北川县、汶川县、青川县、绵竹市、什邡市、都江堰市、平武县、安县、江油市、彭州市、茂县、理县、黑水县、松潘县、小金县、汉源县、崇州市、剑阁县共18个县（市），以及甘肃省、陕西省受灾严重地区作为受援方。

（三）对口支援安排。

考虑支援方的经济实力和受援方的灾情程度，兼顾安置受灾群众阶段已形成的对口支援格局，对口支援安排如下：

1. 山东省—四川省北川县
2. 广东省—四川省汶川县
3. 浙江省—四川省青川县
4. 江苏省—四川省绵竹市
5. 北京市—四川省什邡市
6. 上海市—四川省都江堰市
7. 河北省—四川省平武县
8. 辽宁省—四川省安县
9. 河南省—四川省江油市
10. 福建省—四川省彭州市
11. 山西省—四川省茂县
12. 湖南省—四川省理县
13. 吉林省—四川省黑水县
14. 安徽省—四川省松潘县
15. 江西省—四川省小金县
16. 湖北省—四川省汉源县
17. 重庆市—四川省崇州市
18. 黑龙江省—四川省剑阁县
19. 广东省（主要由深圳市）—甘肃省受灾严重地区
20. 天津市—陕西省受灾严重地区

（四）未纳入对口支援的受灾县（市、区）由所在省人民政府组织本省范围内的对口支援。

社会各界及境外提出对口支援的，由受灾省人民政府统筹安排。

三、对口支援的内容、方式和任务

坚持“硬件”与“软件”相结合，“输血”与“造血”相结合，当前和长远相结合，调动人力、物力、财力、智力等多种力量，优先解决灾区群众基本生活条件。对口支援的内容和方式有：

（一）提供规划编制、建筑设计、专家咨询、工程建设和监理等服务。

（二）建设和修复城乡居民住房。

（三）建设和修复学校、医院、广播电视、文化体育、社会福利等公共服务设施。

（四）建设和修复城乡道路、供（排）水、供气、污水和垃圾处理等基础设施。

（五）建设和修复农业、农村等基础设施。

（六）提供机械设备、器材工具、建筑材料等支持。选派师资和医务人员，人才培训、异地入学入托、劳务输入输出、农业科技等服务。

（七）按市场化运作方式，鼓励企业投资建厂、兴建商贸流通等市场服务设施，参与经营性基础设施建设。

（八）对口支援双方协商的其他内容。

基层政权建设由中央和地方财政为主安排，各级党政机关办公设施不列入对口支援范围。

各支援省市每年对口支援实物工作量按不低于本省市上年地方财政收入的1%考虑。具体内容和方式与受援方充分协商后确定。

四、工作要求

（一）加强领导，精心组织。灾后恢复重建工作复杂，任务艰巨，支援和受援双方要按照中央统一部署，设立机构，协调配合，抓好各项措施落实。为争取时间，支援方要尽早参与规划设计等前期工作。

（二）依据规划，有序推进。灾后恢复重建要严格按照灾后重建规划布局、选址要求和各类建设标准组织实施。制订科学合理的建设计划，防止盲目建设，防止盲目攀比。

（三）统一政策，统筹安排。为鼓励对口支援的积极性，中央统一研究制定对口支援的优惠政策。同时要对中央财政建设资金、对口支援资金、社会捐助资金以及受灾地区自筹资金统筹安排，合理使用，严格管理，精打细算，努力提高资金使用效益。

（四）善始善终，搞好衔接。在安置受灾群众阶段已经部署的帐篷、活动板房等对口支援工作，要继续按照原工作部署完成。灾后恢复重建阶段对口支援的各项工作统一按此次安排方案执行。

2008年6月11日

资料来源：《国务院办公厅关于印发〈汶川地震灾后恢复重建对口支援方案〉的通知》（国办发〔2008〕53号）

第二节　对口支援政策目标发展演变

如上文所述，对口支援是“通过结对，在区域、行业乃至部门之间开展合作和交流的有效形式"。这种支援形式，不仅仅限于资金，还包括人力资源、知识、技术、物资和管理体制的交流和合作。

一、对口支援政策演变内涵

借助省际财政转移对不发达地区进行支援，从而解决纵向财政转移支付能力不足的问题，也并不是近代社会才有的事情，据《云南行政纪要》记载：清滇省年岁入约三百万两，因其屏障西南、任重费繁，原有收入难敷支出。清朝政府鉴于此情，指定由川（四川）、鄂（湖北）两省每年各补助滇省五十万两以充年备。这里所说的"屏障西南、任重费繁"，大概是指军费开支所需。云南乃少数民族聚居区，其民众收入本来就不丰厚，若把军费开支摊派到当地民众身上，税役繁重，民众必然不堪重负，这对于政治的稳定是一个大问题。虽说此处的横向财政支援仅仅是财政资金的支持，跟我国 1979 年之后实施的对口支援有着很大的区别，但也可以看出，中央政府在中央级财政有限的情况下，或是在财政体制不够健全的状况下，通过省际横向财政转移来解决不发达地区的财政缺口，减轻不发达地区的税负负担，缓解社会矛盾，确实是一种流传经久的转圜变通的途径。

我国与现代社会主义市场经济相适应的财政体制基本框架的建立其实是近十几年的事情，其细节部分还有待进一步完善。而对口支援则有几十年的历史，其本是计划经济思想的产物，从 1979 年开始，由于现实政策的需要，开始逐步地建立起来；虽说只有短短几十年的时间，但其间的演变也几经波折。我们知道，任何体制架构不能独立存在，不可避免地要与其外部的环境发生或多或少的关系。近几十年来，我国经济发展状况、财政体制、经济体制以及政府职能都有着翻天覆地的变化，产于其间的对口支援政策的目标取向及实施方式也悄悄地发生着变化。表 1 - 1 是笔者所梳理的 1979—1995 年分税制改革之后几次比较重要的对口支援政策的演变过程。

表 1 - 1　关于对口支援政策的演变过程

时　间	关于对口支援政策部分内容
1982—1983 年	国务院根据国家计委、国家民委关于经济发达省市同少数民族地区对口支援和经济技术协作会议的报告，进一步强调对口支援必须本着共同发展、互利互助以及经济效益与地方经济协调发展的原则
1984 年	《中共中央关于经济体制改革的决定》指出：为加速我国现代化建设的进程，应大力发展横向经济联合，以促进地区间的人才、资金与技术的流动，促使我国的地区经济结构和分布的不断合理化
1986 年	以大城市为中心的经济区域网络逐步形成，尤其是西北经济协作区、西南经济协作区、中南经济协作区的逐步形成；以东北三省和内蒙古等大中型骨干企业为依托的企业群体和集团的建立

续表

时　间	关于对口支援政策部分内容
1995 年至今	在《中共中央关于制定国民经济和社会发展“九五”规划和 2010 年远景目标建议》中，专门规定了沿海发达地区对口帮扶中西部的 10 个省区。其内容涉及工业、农业、商贸、科技、人才、文教、卫生、扶贫、劳务等多个领域

二、对口支援政策目标取向发展

1979 年 7 月 31 日，中共中央 52 号文件确定组织内地发达省市实行对口支援边境地区和少数民族地区。1984 年 9 月，经国务院批准，国家经委、国家计委、国家民委和国家物资局共同在天津召开了“全国经济技术协作和对口支援会议”，又增加上海支援新疆、西藏，广东支援贵州，沈阳、武汉支援青海等对口支援任务。

1979—1995 年的对口支援，强调组织内地发达省市实行对口支援边境地区和少数民族地区。在某种程度上来看，这是我国民族政策的一个重要组成部分，政治上的考虑居多。此时，我国财政体制尚处在计划经济时代，并不存在后来的转移支付制度，中央对不发达地区的补贴也受到当时中央财力的掣肘。

我国在 1979—1984 年，除了 1981 年财政略有结余外，其他年份都或多或少地出现了财政赤字，分别是 1979 年 135.41 亿元、1980 年 68.90 亿元、1982 年 17.65 亿元、1983 年 42.57 亿元和 1984 年 58.16 亿元。此后的 1985 年虽略有盈余，但 1986—1993 年，中央财政开始逐年出现赤字，依据审计署财政司课题组 2001 年资料统计，财政赤字分别是 82.90 亿元、62.83 亿元、133.97 亿元、158.88 亿元、146.49 亿元、237.14 亿元、258.83 亿元和 293.35 亿元。在这十余年期间，中央政府财力自顾不暇，更无余力对不发达地区进行大规模的补贴。

为此，在 1980—1993 年，我国对财政体制进行了持续的改革，改革的主要目的是解决中央政府的财力困境僵局，以及建立与经济体制改革相适应的财政体制。改革的基本框架是在中央的统一领导下，明确划分地方跟中央的收支范围，充分发挥中央和地方两个积极性。对地方财政采取包干的方法，凡是地方收入大于支出的地区，多余的部分按照一定的比例上缴，支出大于收入的地区，不足部分从工商税种按一定的比例留给地方作为调整收入。对于不发达地区通过“从工商税种按一定的比例留给地方”这样一种粗糙的调整办法，肯定无法满足地方财政缺口的需要。但与此同时，由于打破了统收统支的传统财政体制，东部地区地方财政有盈余，在分税改革前的 1993 年，中央跟地方的财政收入比为 22∶78，地方财政收入远过于中央财政收入。由于中央一级财政支出能力的不足，通过采取省际横向财政转移无疑是弥补财政体制缺陷的一种良好手段，是计划经济下通过计划来调控经济的一种手段，照此来看，当时采取的对口支援政策实在是有其必要性。

1995 年之后的对口支援层次较之之前又高了不少，其目的主要是为了解决不发达地区基层财力困难的局面，弥补转移支付的不足；其次还承担着提高不发达地区公共服务质量的要求。

1994 年党的十四大正式提出建立社会主义市场经济体制，同年国家开始实施分税改革，并在中央和地方设两套税务机构。分税改革是在利改税的基础上对上述改革的进一步完善，但重新划清了地方跟中央的收支范围，加强了中央一级的财政收入能力，建立了转移支付体系。中央跟地方的财政收入比，从 1993 年的 22∶78，变为 1994 年的 55.7∶44.3，可见改革后中央有财力对地方进行转移支付，但可惜的是转移支付体系不够完善，中央的转移支付不够规范，并没有触动地方的既得利益，且转移的数额并没有比较科学的标准，根本就不能够解决地方的财政困境；同时随着社会的发展，对公共服务均等化的要求也加大了基层政府的财政支出困境。在纵向财政体制不够完善的背景下，横向对口支援还是有存在必要的。另外，由于经济体制改革后，市场机制在东西部地区间调配资源上发挥了主导的作用，而西部地区由于社会历史因素，与东部地区在经济发展上的差距逐步拉大，横向上的对口支援能够提高其软件和硬件设施，推动西部地区跟中东部地区的经济差距逐渐地变小。

由上文可见，随着社会的发展，对口支援政策取向及其承担的功能也相应地发生着变化，最初是民族政策的延伸，其后逐渐地将其作为计划体制下计划调控经济的一种方法，最后随着市场经济体制的建立和市场运行机制的逐步完善，对口支援逐渐地开始补缺财政体制的不足，作为转移支付体系的一种补充而存在。这就是几十年来对口支援政策不断调整与发展的轨迹。

第三节　对口支援政策实施的理论基础

一、财政均等化理论

按照财政联邦主义的观点，财政均等化是指具有相似状况的个人能够获得相等的财政剩余，即每个人从公共产品获得的回报与其所承担的税负之差都相等。一是居民享受公共服务的机会均等，二是居民享受公共服务的结果均等，相比之下，结果均等更重要。财政均等化的基本要求即达到公共服务均等化，或者说基本公共服务均等化。基本公共服务均等化是指在一个国家内，不同地区的居民能享受到大体相同的基本公共服务。包括地区之间的均等、城乡之间的均等和人与人之间的均等，其终极目标是应当使人与人之间所享受到的基本公共服务的均等化。我国幅员辽阔，经济发展不平衡，地区之间、城乡之间存在明显的发展差距，人口、要素不能完全自由流动，人们无法通过自由流动实现公共服务水平均等化，需要中央政府通过转移支付弥补地区间的差异，实现地区间的财政均等化，从而达到基本公共服务均等化。即本文所强调的地区之间的均等。

本着为全体人民服务的精神，尊重经济规律，在经济发展的基础上让全体人民都能享有基本的公共服务，共享发展成果。关键之一是建设服务型政府，推进政府职能转变、完善社会管理和公共服务，重点是保障和改善民生，推进财政政策的基本公共服务均等化；这其中最重要的是完善公共财政体制，调整财政收支结构，扩大公共服务覆盖范围，把更多的公共资金投向公共服务领域，把更多的公共资金投向公共服务薄弱的农村、基层、欠发达地区和困难群众，增强基层政府提供公共服务的能力。公共服务的均等化可以通过纵向转移支付实现，也可以通过横向转移支付实现，或者两者结合运用。我国目前主要是通过政府的纵向转移支付实现财政政策的公共服务均等化。

在我国目前分税制的条件下，公共服务均等化的实现机制存在很多问题，主要表现在：公共服务型政府仍未建立，公共财政制度尚不完善，地区间和城乡间公共服务差距悬殊；各级政府间的事权与财权关系划分不清，基层政府财政提供公共服务能力不足；我国转移支付制度总体设计存在缺陷，形式过多，结构不合理，真正属于均等化转移支付形式的一般转移支付，所占比重很小，目前只占转移支付总额的 10%，均等化作用非常有限。因此，推行我国公共服务均等化，完善公共财政制度的同时，不断完善均等化的转移支付制度，试行纵向转移与横向转移相结合的模式，即“以纵向转移模式为主的同时，试行横向转移支付”；这也是世界发达市场经济国家调节地区间财政分配关系的普遍做法，并取得了显著成效。

1949 年，《德意志联邦共和国基本法》（以下简称《基本法》）确立了联邦、州、地方三级预算的分税制财政体制和相应的财政组织机构，使得各级政府都有自己独立的预算，有效地将管理权的适当集中与分散结合起来，其目的就是为了保证各地间的财政均衡，以保障他们能够提供大体相当的公共服务和产品。《基本法》第 72 条明确规定：“国家必须保证各地区人民生活条件的一致性。”因此，为了符合《基本法》要求，经济社会发展水平高的地区必须通过横向财政转移支付对经济社会发展水平低的地区提供财政补贴。德国财政均衡的基本保证就是明确“事权与财权的匹配统一”。其财政均衡制度是以合理划分各级政府事权并保证财权与事权相统一为基础的。《基本法》第 104 条规定，政府的支出和职能是一致的，各级政府负责各自的支出使用方向。同时对各级政府的事权职能划分做了原则性规定：凡属“为了普遍利益必须统一进行处理的事务”，即全国性事务由联邦政府负责；其他属地方政府的事务由州和地方政府负责。

为均衡各地区间财政供给能力的目标，联邦德国专门制定了“财政均衡法”，作为德国特有的横向财政转移支付制度的依据。其基本操作规程是在通过测算税收能力和标准税收需求的基础上，实施州际资金转移，最终实现各州间财力供给水平的基本平衡。具体内容主要包括“增值税总额分成”“测算各州的财政收入能力”以及“测算财政均衡指数”等方法，进行各地间的“财政供给能力”的比较，并以此为依据实施“富州援助穷州”，最终实现州际横向财政均衡的目标。德国的横向财政转移支付制度在解决各地区财政横向失衡及实现横向财政平衡发挥了重要作用，更有效地体现了中央政府均衡各级政府财力，实现各地区公共服务均等化的目标。通过横向财政平衡，缩小了各州之间人均财政收入的差距，促进了社会公平和经济的稳步发展。

他山之石，可以攻玉。借鉴德国等发达市场经济国家成功的经验，结合我国的具体情况，具有重要的启示。我国东西部地区差距过大，单靠中央对地方的纵向转移，很难实现地区间公共服务均等化。而我国东部发达省区支援西部不发达省区的“省际对口援助”已有一定的规模和政治思想基础，只是亟待形成完善的制度机制。东部发达地区支援中西部不发达地区，有利于加快地区间的协调发展，提高国家整体发展水平，从而最终也有利于东部地区的经济发展。

二、区域经济增长理论

美国与欧洲平均真实收入比一个世纪以前高出 10 ~ 30 倍，比两个世纪前高出 50 ~ 300 倍。促进经济增长的因素很多，其中主要是由索洛模型所得到四个变量：产出（Y）、资本（K）、劳动（L）以及知识（A）。在任何时候，经济拥有一定量的资本、劳动与知识，并且这些被结合起来生产产出：$Y(t) = F[K(t), A(t)L(t)]$，其中 t 为时间。在忽略土地和自然资源的条件下（无数发达国家经济增长的实践证明，自然资源的可利用性显然不是经济增长的主要约束因素），经济的增长（Y）是资本（K）、劳动（L）以及知识（A）（也即劳动的有效性）的函数。

为此，我们将外生的索洛模型中生产函数 $Y(t)$ 的各个因素进行简要的分解处理，就能得出在短期内导致经济增长的不同因素。

首先将生产函数两边分别对时间（t）求导，可得：

$$Y'(t) = \frac{\partial Y(t)}{\partial K(t)} \times K'(t) + \frac{\partial Y(t)}{\partial L(t)} \times L'(t) + \frac{\partial Y(t)}{\partial A(t)} \times A'(t)$$

因为 $\frac{\partial Y}{\partial L} = \frac{\partial Y}{\partial (AL)} \times A$ 且 $\frac{\partial (Y)}{\partial (A)} = \frac{\partial (Y)}{\partial (AL)} \times L$，并将上式两边同除以 $Y(t)$，则可以得到：

$$\frac{Y'(t)}{Y(t)} = \frac{K(t)}{Y(t)} \times \frac{\partial Y(t)}{\partial K(t)} \times \frac{K'(t)}{K(t)} + \frac{L(t)}{Y(t)} \times \frac{\partial Y(t)}{\partial L(t)} \times \frac{\partial L'(t)}{\partial L(t)} + \frac{A(t)}{Y(t)} \times \frac{\partial Y(t)}{\partial A(t)} \times \frac{\partial A'(t)}{\partial A(t)}$$

于是，我们就能得出在短期内影响经济增长的主要因子：

$\beta_{K(t)} = \frac{K(t)}{Y(t)} \times \frac{\partial Y(t)}{\partial K(t)}$，即 t 时刻产出对资本的弹性；

$\beta_{L(t)} = \dfrac{L(t)}{Y(t)} \times \dfrac{\partial Y(t)}{\partial L(t)}$，即 t 时刻产出对劳动的弹性；

$\omega_{(t)} = \dfrac{A(t)}{Y(t)} \times \dfrac{\partial Y(t)}{\partial A(t)} \times \dfrac{\partial A'(t)}{\partial A(t)}$，即剩余残存项。

此时假定 $\beta_{K(t)} + \beta_{L(t)} = 1$，并将上式两边同时减去 $\dfrac{L'(t)}{L(t)}$，可得到：

$$\frac{Y'(t)}{Y(t)} - \frac{L'(t)}{L(t)} = \beta_{K(t)}\left(\frac{K'(t)}{K(t)} - \frac{L'(t)}{L(t)}\right) + \omega_{(t)}$$

因此，可以很明显地看出：每个劳动量平均产出的增长分解为“每个劳动量平均资本增长的贡献：$\beta_{K(t)}\left(\dfrac{K'(t)}{K(t)} - \dfrac{L'(t)}{L(t)}\right)$”和“索洛剩余残存项：$\omega_{(t)}$”，其中：$\omega_{(t)}$ 在实际上反映了除资本积累贡献外的所有增长来源（为简化问题，有时解释为对技术进步贡献的量度）①。其实际包含的意义在于：除了资本和劳动的贡献份额外，对口援助的物资、人员、设备、技术以及伴随而产生的管理方式、文化理念等软环境要素，也都会对地方经济增长做出相应的贡献。

我们知道，对口支援政策实施不仅仅是公共财政资金的援助，同时还包括物质、人力资源、技术及文化理念等众多其他要素，这些资源要素进入受援地区后，就会成为促进该地区社会经济内生增长和发展的因素，为进一步说明对口援助促进地方经济增长的理论依据，此处我们简要运用宇泽—卢卡斯（Lucas，1988）内生增长模型，因它引用了“物质资本”和“人力资本”，而更具有进一步的说服力。

根据宇泽 - 卢卡斯内生增长模型，假定劳动不仅用于物质资本的生产，也用于与技术进步相关的知识积累过程。依据这个内生增长模型，对口援助投入的物力和人力资本的积累就能导致人均收入的持续增长。

我们假定生产函数为柯布—道格拉斯模型：

$$Y = AK^{a}\ (tm)^{1-a}$$

式中：t——生产的时间；

m——各种人力资本的投入。

由上式表明：从理论上说，只要物质资本 K 和人力资本 m 同比例增长，总

---

① 为进一步阐明索洛剩余项的含义，以说明其他全要素生产率增长，由柯布—道格拉斯生产函数，$Y = AK^{a}L^{1-a}$，转换为 $A = \dfrac{Y}{K^{a}L^{1-a}}$。即表明：全要素生产率增长率（$A$ 的增长率）等于投入所导致的产出的增长率减去 K^{a} 的增长率与 L^{1-a} 的增长率之和，即：$\dfrac{\Delta A}{A} = \dfrac{\Delta Y}{Y} - \left[a\dfrac{\Delta K}{K} + (1-a)\dfrac{\Delta L}{L}\right]$；这一公式也表明其他全要素生产率 $\dfrac{\Delta A}{A}$ 的变化率是产量增长率减去资本的加权贡献 $a\dfrac{\Delta K}{K}$ 变化和劳动加权贡献 $(1-a)\left(\dfrac{\Delta L}{L}\right)$ 变化之后的剩余，也就是索洛剩余项的含义。

的资本收益率将保持不变。由此我们假定“物质资本”和“人力资本”的变化服从：

$$\theta = W\ (1-t)\ m - m$$

且其预算约束为 $\theta = AK^{a}\ (tm)^{1-a} - C - m$ （＊）

此处，W 为常数且大于零，$1-t$ 为用于人力资本投资的时间；同时假定人力资本和物质资本的折旧率均为 θ。

可以得到，“物质资本”与“人力资本”在平衡增长速度 $v = W\ (1-t^{*})\ -\theta$。由（＊）式的线性增长保证了平衡增长路径的客观存在，且 t^{*} 与 v 呈负相关。

进一步将（＊）式预算约束条件同除以 K 可得到：

$$\frac{Y}{K} = \frac{C}{K} + \frac{K'}{K} + \theta$$

因为在平衡增长路径上 $\frac{Y}{K}$ 与 $\frac{C}{K}$ 均是个常数，这样我们通过宇泽—卢卡斯内生增长模型得出：若某个地区内的“消费”“物质资本”与“人力资本”以“v”的速度投入增长，至少从理论上，该地区经济产出也会以“v”的速度递增。

也就是说，欲要促进经济的增长和发展，加大对资本、劳动和科学知识（提高劳动生产率）的投入是不可缺少的；而“对口支援”正是对被支援方以这些稀缺资源的援助，来提高欠发达地区的经济增长能力，从而协调和促进地区间的经济发展。

同时由于我国幅员辽阔，各地区间的自然禀赋和发展阶段各有不同，比较优势理论在区域经济的发展中也有重要作用。各地区在某些生产要素上具有相当丰富的禀赋，可根据本地区的具体情况，合理地使用本地所拥有的相当丰富的资源，密集地使用丰富的禀赋资源（生产要素），以凸显出本地区相对优势的生产能力，通过贸易交换，用本地区丰富禀赋生产的产品交换相对稀缺资源的产品，以实现各地区间的优势互补。既充分发挥本地区的相对优势，又在一定程度上协调了各地区间的经济发展。

但是“区域增长是一个不平衡的增长过程，市场力量的作用通常会导致增加而不是减少区域差异”。区域经济的二元结构经济，必然伴随着不均衡性的发展过程，在市场机制下的经济要素流动正是建立在这种区域不均衡性的基础之上的，因而市场机制本身并不能使得这种区域差距自动消失；若没有政府力量的适度引导，这种差距将会不断扩大。经济发展过程中的“区域增长极”意味着区域经济发展中的不均衡性是不可避免的，但同时赫希曼认为，“通过涓滴效应和极化效应显示的市场力量如果导致区域极化的暂时优势，周密的经济政策将会应运而生，以改变这种状态”。这里的“周密的经济政策”是指政府的正确引导在区域经济的协调发展过程中所起的作用，政府采取各种政策措施协调区域间不平衡的状态，缩小因市场机制本身所导致的区域间的差距。而具有横向转移作用的

“对口支援”正是这一“经济政策”的具体实施。

第四节　对口支援的现行体制架构及实践运作机制

自1979年开始，对口支援机制开始逐步完善，迄今为止，已经形成一个比较有效的运作架构，下文将简要地介绍对口支援的现行体制架构和实践运作机制。

一、对口支援的现行体制架构

在体制架构上，对口支援可以分为中央和地方两个层面：

（1）中央层面。中央层面毫无疑问由中央政府启动，中央决定对口支援的大政方针，制定对口支援的政策原则、实施细则和注意重点。执行机构主要有国务院扶贫开发领导小组办公室、国务院三峡工程建设委员会办公室和教育部；三者分工各不相同。国务院扶贫开发领导小组办公室负责全国东西扶贫协作工作，以确定援助的结对等具体事宜；国务院三峡工程建设委员会办公室主要负责全国对口支援三峡工程移民工作；教育部主要负责教育对口支援的工作。

（2）地方层面。地方层面包括支援方和受援方，双方的具体运作措施如下：支援方在省一级成立一个领导小组，由组织部门负责领导，主要执行中央对于对口支援的大政方针和精神，决定本省（市）对口支援工作的重大事务点以及重要项目的审批；其下设一个办公室，负责具体的常务事务及联系协调等；受援方同样首先在本地区成立省级领导工作小组，工作内容主要分为管人、管事两个方面，实行“双向参与，分类管理”，尤其强调受援资金管理的规范化；其次，在各下级组织部门设立援助办公室，主要负责各地区领导工作小组确立的各项重点工作的协调落实和监督检查，促使各项工作有效地贯彻到实处。

二、对口支援的实践运作机制

在运作机制上，一般先由中央确立支援结对方案，而后由省级地方自主实施。具体实施时，可以是受援方向支援方提出申请，即说明本地区的需要，如包括：人员、资金或者技术等，然后由受援方根据情况，实施援助方案；也可以是由支援方主动向受援方援助。方式的灵活性主要是确保双方的协调沟通，在“互惠互利”的基础上，达到双方的共同发展。

有了一个框架性了解，总体上来看，我国现行的对口支援体制运转尚处于起步阶段，依然存在着很多的问题。主要是在体制层面上缺乏一个专门性的协调机构，目前负责对口支援的部门主要分布在国务院扶贫开发领导小组办公室、国务院三峡工程建设委员会办公室和教育部等部门，这些机构各自为政，并没有一个统一的机构对其加以管辖，不利于资金的宏观统筹、合理使用。

三、四川灾区对口支援政策实施的具体落实

四川大地震发生一个月以后的2008年6月11日，国务院及时出台了《汶川地震灾后恢复重建对口支援方案》。依据支援方经济能力和受援方灾情程度，按照"一省帮一重灾县"的原则，合理配置财力，建立对口支援机制。截至2009年11月，共出台政策105个，涉及财政与税收、土地与住房、金融、就业与社会保障、产业扶持等方面。具体的结对方案如表1-2所示。

表1-2　对口支援方案中支援省市与受援地区的结对关系

支援省市—受援地区	支援省市—受援地区	支援省市—受援地区
黑龙江—剑阁县	湖南—理县	上海—都江堰市
重庆—崇州市	山西—茂县	北京—什邡市
湖北—汉源县	福建—彭州市	江苏—绵竹市
江西—小金县	河南—江油市	浙江—青川县
安徽—松潘县	辽宁—安县	广东—汶川县
吉林—黑水县	河北—平武县	山东—北川县

注：摘自《汶川地震灾后恢复重建对口支援方案》（国办发〔2008〕53号）。

对口援助政策实施的主要内容包括以下几个方面：

（1）基本民生：关于城乡受灾居民住房的建设和恢复；同时选派和培训师资和医务人员、受灾子女的异地入学以及就业与社会保障方面，如劳务的输入与输出等。

（2）基础设施的恢复重建：对城乡供（排）水（气）、垃圾处理、城乡道路的建设和恢复，尤其是农业、农村的基础设施的重建。

（3）基本公共服务领域：对社会福利、文化体育、学校和医院以及广播电视等方面的恢复重建。

（4）强化市场运作能力：兴建商贸流通的市场服务设施，鼓励投资建厂，并提供各方面的便利条件，以提高受灾地区的市场的"造血"机能。

（5）对口援助双方协商的其他内容：如提供建筑材料、机械器材设备等物质支持，提供各种培训服务，以及专家咨询、建筑设计和工程监理及规划编制等方面的服务工作。

除针对受援地区的各方面内容之外，具体政策体系的实施措施主要包括：

1. 财政与税收政策

主要针对灾区城乡居民住房损毁、基础设施及公共服务设施恢复重建，以及社会生产能力恢复重建给予的支持，包括对企业资本金的再注入、项目投资补贴、居民个人补贴、贷款贴息等方面内容，同时对灾后重建过程中，部分地区减

免部分行政事业性费用和政府性基金费用以及免征新增建设用地的土地出让金和土地有偿使用费用等。税收方面的优惠政策主要体现在对个人、企业通过县以上政府或公益性社会团体等其他部门向受灾地区的捐赠，可允许在当年的个人或企业所得税前收入中全额扣除，同时受援地区的个人或企业获得灾后援助恢复重建款项和物资的可免征所得税；对受援地区灾害损失严重的地区的所有各行各业的增值税扩大抵扣范围；对受灾严重的企业免征2008年企业所得税，恢复重建的安居房免征城镇土地使用税、安居房在转让时可免征土地使用增值税、恢复重建中的合同免征印花税、农房援建可免征耕地占用税等。此外，直接用于灾后恢复重建的进口大宗物资、商品、设备等，可在3年内享受税收进口优惠政策，等等。

2. 土地与住房政策

尽可能扩大灾后重建的土地供应范围，适合灾后重建条件的，可实施划拨土地与低价供给土地等政策；简化并调整土地审批程序，以加快灾后重建的土地审批速度，等等。

3. 金融扶持政策

积极支持银行金融业增强对受援地区信贷投放力度，对各受援区域实行倾斜性优惠银行信贷政策；加大对各受灾区域的再贴现、再贷款额度，激励各受灾地区的银行等金融机构提高贷款能力，对受灾区域实施优惠性准备金制度，同时引导与鼓励各受援地区的各行业、企业等充分运用股票市场、债券市场扩大融资范围。

4. 就业与社会保障政策

首先为增强企业等吸引就业人员的能力，有针对性地对企业提供社会保险和税收优惠的补贴，对市场性个体经营者可提供税收和行政事业性收费等方面的优惠；其次对受灾区域内的各行业、企业可视不同情况适度降低失业保险费率，保障养老、工伤保险支出，同时可实施一系列诸如发放补助失业保险金等保障措施，以确保受援地区人们的基本生活需求。

5. 产业扶持政策

合理调整地区间产业结构，注重重建过程中的节能减排，加强循环经济的发展；大力扶持符合当地资源环境条件与灾后规划重建，并且与国家产业政策一致的优势特色产业的发展，突出各地方的相对发展优势，尤其加快以当地旅游业为先导的特色产业发展，力争以成都、绵阳为中心，形成极具特色的产业集中区。

第五节　对口支援政策在我国实施的基本现状及成效

自1979年7月31日，中央实行对口支援边境地区和少数民族地区政策以来，投入了大量的人力、物力、财力，并从教育、文化、科技、人才、管理、信息、资金、物资等多方面对口支援，一系列的对口援助政策使受援地区群众生活得到了安置，社会经济稳步发展。其中包括先后对三峡库区移民、少数民族对口帮扶以及对四川灾区突发事件等实施了对口支援的政策。

三峡库区对口援助十几年来，全国20个省（直辖市）、10个大城市和国务院60多个部门积极响应，努力创造条件，多方筹集资金，落实合作项目，从各个方面、各个层次支援库区：接受移民外迁和劳务输出，促进了库区移民搬迁安置；加强基础设施建设，改善了库区城乡面貌；培育特色优势产业，加快了库区经济发展；支持社会事业发展，推动了库区全面进步；推进人才开发和信息交流，带动了库区改革开放和创新。①18年（截至2009年）来，库区的国民经济整体素质大幅度提高，实现了从量的积累到质的跨越；库区的财政实力显著提高，1992—2007年，地方财政收入由8.86亿元增加到112亿元。2008年地方财政收入达到139.25亿元，是1996年的9.7倍，年均增长20.8%，财政收入占GDP的比重由1996年的3.6%提高到7.6%，提高了4个百分点。地方财政收入保持两位数的增长速度，人民的生活水平得到了显著提高，2008年库区城镇居民人均可支配收入为13 113元，是1996年的3.13倍，人均生活消费支出9 385元，是1996年的2.88倍；农村居民人均可支配收入为4 013元，是1996年的2.66倍，人均生活消费支出2 922元，是1996年的2.41倍。地方财力的增长极大地促进了库区公共基础设施的建设和服务水平的提高，人们的整体生活水平得到了很大的改善，同时也激发了地方经济的发展潜力。截至2008年，三峡库区产业结构发生了重大变化，从第一产业所占比例较大逐渐转为第二、第三产业比重大幅上升，1992—2008年，库区第三产业增加值保持了年均12.6%的增长速度，占GDP的比重由1992年的29.3%提高到2008年的35.5%，新的产业格局正在形成，产业体系逐步完善。

对少数民族的对口援助政策的范围和领域不断向纵深发展，并且对口支援和经济技术协作的形式也逐渐多样化。受援方的落后地区和少数民族地区除了加强同一些发达省市的特定地区和部门广泛建立对口支援和经济技术协作关系外，受援方地区内部城市之间、中心地区与边沿地区之间的对口支援和经济技术协作也发展起来，使得对口支援和经济技术协作区域深入到这些民族省区内部的边缘和贫困地区。以对口援藏为例，对口支援西藏的几十年以来，切实地夯实了西藏的国民经济基础和实力，宏观经济基础和条件大为改善。1985—1997年，西藏受援地区GDP由17.76亿元增长到76.19亿元、人均GDP由890元增长到3 171元，12年间GDP和人均GDP均翻了近两番，同时地方财政收入也由0.6亿元增长到近3亿元。据统计，截至2006年，西藏地区GDP达到105.6亿元，增速13.4%，农民人均纯收入达到2 435元，增长17.2%。进入21世纪以来，西藏受援地区地方经济年均增长速度高达12%～13%，远高于全国8%～9%的年均

① 2006年12月4日，国务院副总理曾培炎在“全国对口支援三峡库区移民工作会议”上的讲话。

发展增速。社会经济如此高速发展是西藏发展历史上从未有过的，而这一切都是与中央实施的对口支援政策密不可分的。

我国省际对口援助政策的实施，取得了举世瞩目的实际成效，下面我们以发生在2008年的四川大地震的案例为例。

一、四川省汶川等受灾地区的灾情状况

印度洋板块向亚欧板块的俯冲造成青藏高原抬起，这是汶川地震形成的根本原因。由于里氏8.0级的汶川大地震是浅源地震，震源深度仅为10～20千米，因此破坏性巨大。其影响区域包括震中50千米范围内的县城和200千米范围内的大中城市，不仅包括我国境内的上海、北京等地，甚至东南亚、日本等地均有震感。汶川大地震是中华人民共和国自成立有记录以来破坏性最强、波及范围最广的地震，直接严重受灾地区达10万平方千米。地震区域的受灾状况如图1－1所示。

图1－1　地震区域的受灾状况

国务院新闻办公室根据国务院抗震救灾总指挥部授权发布：据民政部报告，截至2008年8月12日12时，四川汶川地震已造成69 229人遇难，374 643人受伤，17 923人失踪，累计受灾人数为46 162 165人；截至2008年9月4日，汶川大地震造成直接经济损失8 451亿元，其中房屋损失最大，占总损失的27.4%，学校、医院和其他非住宅用房损失占20.4%，此外基础设施、道路、桥梁和其他公共设施的损失占21.9%。

二、国家启动对口援助政策及其实施成果

2008年5月12日四川汶川特大地震发生后，中共中央决定举全国之力加快灾后恢复重建，坚持"一方有难、八方支援，自力更生、艰苦奋斗"的方针，

按照“一省帮一重灾县”的原则，合理配置力量，建立对口支援机制。6 月 11 日，国务院办公厅印发《汶川地震灾后恢复重建对口支援方案》（国办发〔2008〕53 号），明确东部和中部 19 个省市对口支援四川省、甘肃省、陕西省的 24 个县（市、区），未纳入对口支援的受灾县（市、区）由所在省人民政府组织本省范围内的对口支援。期限按 3 年安排，援助省市每年对口支援实物工作量按不低于本省市上年地方财政收入的 1% 考虑。

四川灾后恢复重建以民生项目优先，群众住房、基础设施建设首先解决百姓的基本生活条件，学校、医院（卫生院）、福利院等公共服务设施建设也是重中之重，千方百计为灾区群众扩展就业渠道，增加就业机会，通过市场化运作机制，进行经济技术协作交流，投资兴厂，培育灾区的“造血”机能和市场竞争力，以挖掘灾区的经济发展潜力。至 2009 年 6 月底，18 个援助省市共确立总投资额 584.81 亿元，对口支援项目 2 376 个；已开工援助项目 1 530 个，占已确定对口援助项目 64.39%；已建成对口支援项目 354 个，占已确定对口支援项目总数的 14.9%。在确定的援建项目中，城乡住房建设项目 133 个，城镇体系建设项目 310 个，农村建设项目 262 个，公共服务建设项目 1 042 个，基础设施建设项目 408 个，生产力布局和产业调整项目 61 个，市场服务体系项目 27 个，防灾减灾项目 25 个，生态修复项目 9 个，精神家园项目 1 个，其他建设项目 98 个。

“天灾无情人有情”，各对口支援省市依据中央指示方针，本着“一方有难八方支援”的基本精神，迅速展开汶川地震灾后恢复重建的各项工作。三年中，对口援助的救灾重建工作迅速、有效地解决了灾区亟待解决的短期需要，也在很大程度上为受灾区域的长期建设与发展奠定了现实基础。

从表 1－3、图 1－2 可以看出，几乎所有支援省市都按原规划圆满完成援建任务，其中山东、广东、江苏、北京、上海等省市的实际援建规模远超过中央要求的 3 年地方财政收入 1% 的规定，个别援助省市（如山东）甚至超过一倍多。

表 1－3　支援省市 3 年实际援助额（按 1% 计地方财政预算 3 年收入比较）与援建项目数

支援省市	受援地区	按地方财政预算的 1% 计 3 年收入/亿元	支援省市 3 年实际援助额/亿元	支援省市 3 年援建项目数/个
北京	什邡市	53.58	72.53	162
江苏	绵竹市	81.98	110	295
浙江	青川县	57.24	58	—
广东	汶川县	97.34	112	702
山东	北川县	58.31	120	369
上海	都江堰市	69.74	82.5	117

续表

支援省市	受援地区	按地方财政预算的1%计3年收入/亿元	支援省市3年实际援助额/亿元	支援省市3年援建项目数/个
湖南	理县	21.75	20.10	99
山西	茂县	21.52	21.5	226
福建	彭州市	24.64	33.39	146
河南	江油市	29.96	30	300
辽宁	安县	40.30	40.27	88
河北	平武县	28.03	28	108
黑龙江	剑阁县	16.61	15.5	146
重庆	崇州市	16.14	17	102
湖北	汉源县	21.17	21.15	116
江西	小金县	14.6	13	48
安徽	松潘县	21.33	21.3	320
吉林	黑水县	12.31	8.2	182
深圳	甘肃灾区	23.4	30	165
天津	陕西灾区	20.37	20.37	295

注：根据“盘点3年来对口支援部分省市援助四川重灾区成果”的数据整理汇总。（网址：http：//news. xinhuanet. com/local/2011－05/11/c－121403984，htm.）

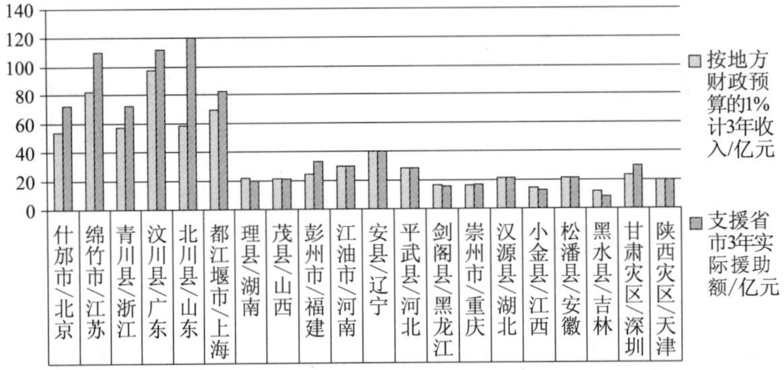

图1－2　支援省市3年实际援助额与计划援助额对比图

城乡群众住房建设、学校、医院、福利院等公共基础设施和服务设施建设、农村基本生产能力恢复、生产力布局和产业调整、生态环境修复以及工业经济园区等各类建设项目多达四千多个。

在支援省市倾情援建下，昔日满目疮痍的灾区如今万象更新、生机勃勃，稳步前行在跨越发展的道路上。图1－3为恢复重建后的灾区。

图 1－3　对口援助恢复重建后的新面貌

尤其值得关注的是，在本次对口援助的实施过程中，各对口援助省市不仅迅速而有效地完成了受援地区短期内民生需求和基础设施等方面的建设工作，同时将短期的恢复重建与长期区域发展相结合，为援助双方今后长期合作与发展，探索建立长效运行机制而积极行动，旨在不断深化援助双方合作领域，以实现共赢发展的目标。北京市在结对援助什邡市的过程中，完成了总投资 72.53 亿元 108 个大项 162 个子项目的援建工作，同时在智力支持、产业发展、精神家园建设、援建项目运行维护以及长效合作机制等方面安排了大量资金，并签署了《北京—什邡 2010—2013 年合作框架协议》。上海市在国家规划的对口支援的 3 年内，共结对援助都江堰市82.5亿元，援建项目117个，并达成《关于构建上海市对口支援都江堰工作长效机制的框架协议》，建立定期沟通交流和联系工作机制等多层次的合作交流机制，加强教育、医疗等援建项目后续运行管理保障，推进农业、商贸、旅游等领域全方位多层次合作交流。重庆市政府与崇州市政府签署了建立长效合作机制的框架协议，决定使用结余的援建资金设立对口合作专项资金，其中1 000万元用于支持崇州医疗卫生事业发展，8 000万元扶持崇州中小微型企业发展。同时双方共同支持渝崇两地农业产业龙头企业、专业合作组织到对方投资经营，帮助崇州农产品进入重庆市场，为双方的市场合作与投资发展开辟绿色通道，鼓励两地企业建立信息共享机制。此外，对口援助双方通过签订两地间的长期合作协议，建立了各类工业经济园区，等等。所有这些建设工作为受援地区的长期可持续发展打下了坚实的基础。

在四川汶川大地震6周年之际，我们再回眸四川大地震重灾区“三川”之地——青川、北川、汶川，昔日满目疮痍、举国情牵的地震灾区，新民居鳞次栉比，新城镇、新村庄欣欣向荣，新学校、新医院设施完备，新企业、新园区勃勃生机，道路崭新、交通发达，龙门山脉山清水秀……大地处处美丽和谐，重还人间一个锦绣巴蜀。如图1－4～图1－6所示。

图1－4　青川新貌

图1－5　北川新貌

图1-6　汶川新貌

综上所述，从四川灾区的案例可以看出，由于各受灾地区自身生产能力受到极大破坏，经济收入锐减，恢复重建又需要大量的资金及其他方面的支持，使得中央政府的财政支出压力过大，不可避免需要多方面拓展资金来源渠道，而此时的对口援助给予了中央财政及时的补充。各地方政府的对口援助客观上缓解了中央财政转移支付的资金压力，为各受援地区维持本地方公共服务的基本供给能力提供了外力支援，并产生了一定的持续效应；省际对口援助政策实施所提供的资金、物质、人力（技术与管理）以及先进的文化理念等资源要素，为受援地区的社会经济的内生发展夯实了基础，并通过政府有效积极的实施措施与引导和市场机制自身的运行发展，为受援地区短期内恢复重建和长期的“造血”机能的培育提供了保障；此外为我们从理论上进一步探索横向转移支付制度在我国的具体实施提供了实践经验。不仅可以结合我国具体情况借鉴发达市场经济国家（尤其是德国）在运用横向转移支付均衡地区间的财政平衡的成功经验，同时也为我国进一步完善公共财政体制，有效弥补我国目前财政转移支付制度所存在的缺陷提供了现实基础。

从另一方面看，通过对口援建政策的实施，为各地区之间的短期与长期的交流与合作提供了实践平台和宝贵经验，尤其是先进地区与落后地区在文化、经济等方面的交流与学习，以及发挥比较优势，长期合作发展提供了可能，至少在短期内为受援地区建立了人力、物力、产业及信息资源流动机制，促进了全社会的整体和谐与进步。

另外，对口支援政策实施的基础是现行中国政治体制的支持，如果脱离了现行政治制度，其存在的基础也就消失了。因此多年来对口支援政策所取得的巨大成就客观上提升了全社会对现行政治制度的信心。沈文伟、黄月珍以汶川灾区为例，通过针对中国灾区恢复重建中对口支援政策的系统分析，指出这种中国特色自上而下的政策制定结构特点，以供国外治理灾害参考与对比。经过政策实施的实践磨炼，切实地锻炼和培养了现行行政机构的组织能力和应急能力。

以上仅是对对口援助政策实施后受援地区的现状简介和对口援建后社会经济发展成效做简要的描述，本书后续内容将以四川灾区的案例为例，实证检验对口支援政策实施的实际经济效应以及其政策实施对各受援地区社会经济发展产生的影响。

第二章
对口支援下基本公共服务均等化实证分析①

我国是一个人口众多、地域广阔的发展中国家，各地自然条件差异很多，再加上历史、社会等原因，我国地区间经济发展很不平衡，从而导致各地区间财力严重失衡。如在有些贫困地区里，公共产品或服务的资金会不足，而在一些富裕地区，资金就相对充裕。从公平的角度讲，横向财政失衡将导致财政的非均等化，违背了人人平等不能地区有别的原则；从效率的角度看，横向财政失衡会导致效率的损失，因而阻碍了各地区间的经济协调发展。公共服务均等化的基本要求是每个公民所享受的基本公共服务是相同的。实现基本公共服务均等化不仅是公共产品特征的客观要求，有助于提高公共支出效率，也是国家政治稳定的重要基础。财政的横向失衡是指同一级不同地区财政地位的差别，即同一级不同地区财政满足本地财政支出（主要是公共支出）的能力不同。同时由于我国是单一制国家，强调国家权力和决策的集中，因而在解决地区间差异时，更多地依靠纵向转移支付方式。由于对转移数额的确定缺乏科学的依据，未能充分考虑各地区的收入能力和支出水平等因素，导致各地区财力差距和公共服务水平差距过大，各地横向失衡严重。由于历史、区域等客观原因形成的各地区间财力横向失衡，一方面因有损于公平的原则，不利于政治的稳定和中央政策传导机制的顺畅；另一方面也不利于优化财政资源配置以及实现宏观经济效应最大化。从长远来看，也不利于整体效率的提高。而仅仅依据市场机制的作用，则会加剧地区间财政的失衡，因而政府必须采取宏观财政措施进行调节。横向转移支付是解决地区间财力的不平衡和消除不同地区间财政地位的差异所造成的不公平和低效率、实现财政均等化、减轻上级政府的财政压力的一种非常有效的手段。

对口支援通过有针对性的横向转移支付，从理论上说应有利于促进地区间财力平衡，实现财政均等化，从而促进地区间基本公共服务均等化，以保障和改善基本民生需求，为社会经济发展奠定基础。实现公共服务均等化将对社会的经济

---

① 本章内容是2012年高校人文社会科学重点课题项目“省际对口支援政策的经济效应问题研究”的阶段性研究成果，部分载于“花中东．对口支援促进基本公共服务均等化效应分析——以四川灾区为例[J]．西安财经学院学报，2010（5）：75－81.”。

和政治产生重要影响。但公共服务均等化很难直接度量，因而我们通常用地区间财政均等化程度表示公共服务均等化程度。各地区间的政府财政能力的差异是导致不同地区公共服务水平均等化实现程度差异的根本原因，因为全国性公共产品的区域差别不大，主要在于地方性公共产品和服务的差距，而地方性公共产品的提供能力是由地方政府的财政能力所决定的。从这个层面上说，财政均等化，即各地区间的财政平衡是实现基本公共服务均等化的前提和条件。

第一节　对口支援后基本公共服务均等化的实际运行分析
——基于四川地震灾区的案例分析

2008 年汶川地震灾难发生后，国家在中央级层面启动了对口支援计划，由各省市加以具体的落实。

一、对口支援政策的总体筹划

按照中央精神，原则上对口支援的支援方对口支援资金不得少于该省上一年财政收入的 1%。表 2 -1 是中央安排的对口支援下支援方与受援方的对应关系。

表 2 -1　灾后重建对口支援安排

受灾地区	支援省市	受灾地区	支援省市	受灾地区	支援省市	受灾地区	支援省市
都江堰市	上海	什邡市	北京	黑水县	吉林	青川县	浙江
绵竹市	江苏	理县	湖南	崇州市	重庆	江油市	河南
安县	辽宁	松潘县	安徽	汉源县	湖北	平武县	河北
剑阁县	黑龙江	北川县	山东	汶川县	广东	甘肃灾区	深圳
小金县	江西	茂县	山西	彭州市	福建	陕西灾区	天津

注：海南省主动要求加入灾后重建对口支援队伍，支援对象是宝兴县。

从各地区对口支援建设资金汇总来看，它们主要来源于四个方面：省级和各市按照上年地方财政收入 1% 筹集的财政性资金；各类社会捐赠资金和物资；企业按市场化运作方式到对口支援受援方办厂兴业、经营商贸流通、开发旅游项目的投资等；其他各类资金。而这些资金主要用于援建工作中的以下两个方面：第一，基本民生方面，其中包括灾区住房建设、公共服务设施建设、基础设施建设等，以保障群众的基本生活条件；第二，产业援助以及经济技术合作方面，以增强地方经济的“造血”机能，提高地方经济发展的内在潜力。

按照对口支援的基本原则，先进地区对落后地区的对口援助，不仅要考虑援助方的能力，同时对受援方的援助也要与当地的经济发展水平相适应，依据受援方的财政收入与支出能力进行对口援助。

二、对口支援政策实施的财政均等化分析①

目前我国省际对口援助政策的实施目标，主要是实现短期内的民生保障和中长期下促进地方社会经济发展的目标。依据以上的任务和特点，我们将援助的公共财政资金划分为“短期内”与“中长期”的效应分析，以解析对口援助政策的实施在不同阶段所起到的作用以及所存在的问题。

（一）短期内财政均等效应分析

为掌握对口援助短期内的基本状况，进一步了解对口支援的资金流向，我们收集了对口支援相关的资料和数据（见表2-2）。

表2-2　各对口支援对受援方的援助（或计划援助）数额　　亿元

受灾地区	支援数额	受灾地区	支援数额	受灾地区	支援数额	受灾地区	支援数额
都江堰市	61.98*	什邡市	53.06*	黑水县	12.9*	青川县	34.99*
绵竹市	43.63*	理县	16.56***	崇州市	5.56*	江油市	16**
安县	26**	松潘县	18.89*	汉源县	15**	平武县	10.63*
剑阁县	31**	北川县	12.59*	汶川县	41.62*	甘肃灾区	15.95***
小金县	10**	茂县	21**	彭州市	33.18*	陕西灾区	10**

注：1. 海南省在自身受到九次自然灾害的情况下，向宝兴县灾后重建对口援助7个项目，投入1.5亿元资金。

2. 由于各地方计量受援资金的统计口径有一定差异，并且各地方跟踪审计的时间也有出入，因此这里以2008年9月底到2008年12月底的对口支援资金的“实际拨付款*”“计划投资额**”或“跟踪审计数据***”等为大致的计量依据。

3. 数据来源：对口支援各网站及相关资料（仅供参考），短期内（2009年底前）以收集的数据为依据。

4. 以上仅考虑对口援助的资金，其他渠道的援助尚未计量在内。

1. 短期内对口支援下的财政规模总量分析

我们看到以上各省之间的对口支援额参差不齐，中央只提出一个原则性要求，即原则上对口支援额不得低于其上一年度财政收入的1%，其他则未作任何要求。具体的对口支援的措施安排则由各省自行落实，一方面扩大了地方对口支援的自由度，但另一方面客观上在对口支援政策的实施过程中缺乏统一协调。这在一定程度上会影响各受援地区的财政均衡能力。我们通过各灾区18个样本市县的2006—2007年财政预算收入与支出以及对口援助额之间的对比关系（见表2-3），以此分析对口援助的财政规模效应和均衡能力。

① 部分内容载于“花中东，周理瑞．四川灾区对口援助的财政均等化效应研究［J］．安庆师范学院学报，2014（2）：131-135．”。

表 2－3　2006—2007 年对口支援受援地区地方财政一般预算收入与支出

万元

受援地区	地方财政预算收入		地方财政预算支出		各市、县地区	地方财政预算收入		地方财政预算支出	
	2006 年	2007 年	2006 年	2007 年		2006 年	2007 年	2006 年	2007 年
北川县	5 038	5 178	26 735	36 776	彭州市	24 702	35 483	65 223	31 807
汶川县	11 211	12 302	27 178	33 278	茂县	3 005	4 099	25 528	31 960
青川县	1 696	2 115	38 753	46 141	理县	2 099	2 701	14 740	18 941
绵竹市	49 323	60 253	77 067	91 091	黑水县	1 849	2 604	20 541	24 478
什邡市	36 671	59 954	63 226	86 803	松潘县	4 370	5 100	27 073	29 568
都江堰市	53 517	75 828	84 943	117 984	小金县	1 268	1 388	20 068	24 449
平武县	6 175	7 566	29 648	39 808	汉源县	3 540	5 396	33 166	38 164
安县	9 199	11 208	39 889	52 800	崇州市	17 209	25 558	55 552	37 718
江油市	31 211	39 355	74 425	108 482	剑阁县	3 363	3 927	52 222	74 387

注：资料来源于 2007 年、2008 年《四川省统计年鉴》。

从表 2－3 中可以看到，即使在正常情况下的 2006 年与 2007 年，四川受灾的 18 个县市的财政缺口都非常大（如表 2－3 中的 2006 年），更不用说受到灾情的影响之后了。由于受援地区的经济发展水平存在着差异，对口支援政策实施的基本原则也要考虑到与地方的社会经济发展水平相适应。为了更好地反映出对口援助的财政均等效应，我们将对口支援额与受援方当地的财政预算收入与预算支出（2006 年、2007 年）进行对比，运用相对比值关系更能反映问题。利用以上数据我们可以得到 2008 年援助数额分别与 2006 年和 2007 年以及两年收入总额的比值、与 2006 年和 2007 年以及两年支出总额的比值等组数据，为此得出以下比例关系（见表 2－4）。

表 2－4　2008 年对口援助（计划）数额以及当地地方财政一般预算收入和支出比例

亿元

受援地区	支援数额	对口支援数额与地方财政预算收入的比例			对口支援数额与地方财政预算支出的比例		
	2008 年	2006 年	2007 年	总额比值	2006 年	2007 年	总额比值
北川县	12.59	24.99	24.31	12.32	4.71	3.42	1.98
汶川县	41.62	37.12	33.83	17.70	15.31	12.51	6.88
青川县	34.99	206.31	165.44	91.81	9.03	7.58	4.12
绵竹市	43.63	8.85	7.24	3.98	5.66	4.79	2.59

续表

受援地区	支援数额	对口支援数额与地方财政预算收入的比例			对口支援数额与地方财政预算支出的比例		
	2008 年	2006 年	2007 年	总额比值	2006 年	2007 年	总额比值
什邡市	53.06	14.47	8.85	5.49	8.39	6.11	3.54
都江堰市	61.98	11.58	8.17	4.79	7.30	5.25	3.05
平武县	10.63	17.21	14.05	7.74	3.59	2.67	1.53
安县	26	28.26	23.20	12.74	6.52	4.92	2.81
江油市	16	5.13	4.07	2.27	2.15	1.47	0.87
彭州市	33.18	13.43	9.35	5.51	5.09	10.43	3.42
茂县	21	69.88	51.23	29.56	8.23	6.57	3.65
理县	16.56	78.89	61.31	34.50	11.23	8.74	4.92
黑水县	12.9	69.77	49.54	28.97	6.28	5.27	2.87
松潘县	18.89	43.23	37.04	19.95	6.98	6.39	3.34
小金县	10	78.86	72.05	37.65	4.98	4.09	2.25
汉源县	15	42.37	27.80	16.79	4.52	3.93	2.10
崇州市	5.56	3.23	2.18	1.30	1.00	1.47	0.60
剑阁县	31	92.18	78.94	42.52	5.94	4.17	2.45

在表 2－4 中，笔者通过计算得出了 18 个县市 2008 年援助额与 2006 年和 2007 年度一般预算收入和财政支出的倍比。2008 年援助方对受援地区的对口支援总额虽有不同，有个别地区偏差过大或过小，一方面可能由于数据太小（如崇州市的 5.56 亿元），另一方面也可能由于受援地区财政能力过弱（如青川县 2006 年和 2007 年的预算收入仅为 1 696 万元和 2 115 万元），但从规模总量上看大都是 2006 年与 2007 年财政收入总和的 10～20 倍，从各地的情况看基本上都是 2006 年与 2007 年财政支出总和的 2.2～3.5 倍，通过以上分析，我们由此可以推论，就总量上而言，对口支援政策的实施对受援各地区的财政缺口的弥合起到了很好的效果，基本保证了受援各地方的财政支出水平，也基本维持了各地区间的财力均衡。但同时通过表 2－4 中的数据也可以看出，各省市的对口支援额与当地 2006 年、2007 年一般财政预算支出总和的倍比存在着较大的波动性，总额比值最大的汶川县（6.88）与最小的崇州市（0.6）相差 10 多倍。如果某个地区的对口支援方是一个财政实力雄厚的省市，那么该地区财政缺口状况就完全可以得到解决；如果对方本身财政就很困难，那么对该地区财政状况的改善就可想而知了。造成这个局面的原因是多方面的，主要是缺乏一个高层次的统筹机构，中央把对口支援完全放权到地方，仅仅对其对口支援额做了一个粗糙的规

定；另外在具体政策的实施中，对口支援可以由受援方提出，但受援方往往缺乏一个对其公共服务需求的一个定量的成本标准，对当地公共服务距全国平均水平的差距也不能提供一个比较科学的测量。这些都是当前对口支援在运作中存在的问题，毫无疑问这些问题能影响受援区公共服务均等化的实现。换句话说，由于短期内对口支援政策在实施上缺乏高层统筹的规划等，因而它们显得各自为政，这也不可避免地影响到各地方的财政供给能力。

2. 短期内对口支援下财政支出结构分析

为了进一步分析出对口支援的经济效应以及其对公共服务均等化的促进作用，笔者分解了四川地震灾区的 18 个县市的对口支援支出结构状况，并对之作了一个简要的分析（见表2－5）。

表2－5　截至2009年7月底的累计投资额　　亿元

地区	住房与基础设施建设	教育	卫生	文化	援助总额
绵竹市	23.57	14.6	3.91	0.55	43.63
青川县	13.7	8.81	12.26	0.22	34.99
什邡市	28.81	9.7	14.24	0.31	53.06
北川县	6.04	3.1	3.27	0.18	12.59
汶川县	32.51	6.2	2.15	0.76	41.62
平武县	—	4.3	—	0.08	10.63
江油市	11.38	3.2	0.66	0.76	16
彭州市	23.87	4.86	4.07	0.38	33.18
茂县	12	2.1	6.67	0.23	21
理县	11.42	3.8	0.91	0.43	16.56
黑水县	6.23	1.8	3.89	0.67	12.59
松潘县	11.39	6.4	0.89	0.21	18.89
小金县	—	—	—	—	10
汉源县	10.94	3.1	0.84	0.12	15
崇州市	2.13	—	—	—	5.56
安县	19.76	5.9	0.02	0.32	26
剑阁县	6.57	2.6	1.25	0.21	10.63
都江堰市	34.59	10.4	15.76	1.23	61.98
总和	268.64	90.97	70.79	6.66	456.74

注：1. 资料来源于相关网站及报刊资料汇总，主要网站为：http：//www.stats.gov.cn；http：//www.moh.gov.cn；http：//www.edu.cn。

2. "—"为缺失。住房与基础设施的数据是总额减去其他三项的余额，除此三项以外的其他公共服务支出极少，且数据收集极为困难，因此短期内笔者将其合并到基础设施上（仅供参考）。

图2－1是对口支援的省区对受援方截至2009年12月底的累计资助额，我们可以看到其中对住房与基础设施建设项目投入占据了对口援助资金的大部分，有关设计公共服务方面的支援目前仅占据了少数，我们可以看图2－1的饼图。

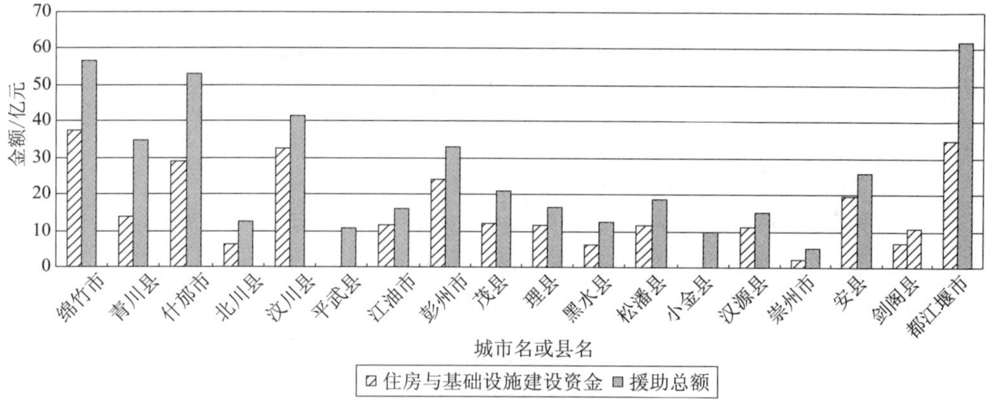

图2－1 住房与基础设施建设占援助比

由图2－2中可以得知，在18个县市的支援总额中，有关住房与基础设施建设的支援占据了约61%，而其他的公共服务的投入约占39%，要知道这39%中，有关医院、教育的投资也包括了固定资产的投资，可见，在对口支援的投资投向中，住房与基础设施的建设占据了绝大部分，这是与震后的社会经济实际情形相关的。地震过程中，大量的固定资产损失，导致该市的固定资产的储蓄率急剧下降，使本来经济基础薄弱的地区雪上加霜，在重建的过程中，试图单靠地方政府的财政收入或者是中央政府转移支付是远远不够的，动员社会力量的参与，用创新体制引导兄弟省份的对口支援显得非常有必要。所以，对公共服务的支持相比较于公共基础设施的重建，其资金的投入比重就显得微不足道了。

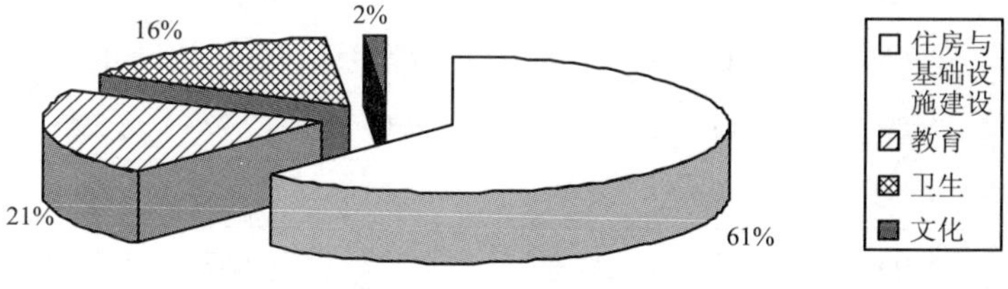

图2－2 支援占比

在其他三项公共服务的支出中，短期内明显不足，教育的支出略高为21%，卫生支出为16%，文化方面的支出最低仅为2%。但随着基础设施的逐步完善，对其他基本公共服务方面的投入会逐渐增大，因此建立稳定的长效机制对促进基本公共服务均等化尤为重要。另外对于我国的转移支付体系，其转移支付只延及省这一层级，对基层政府而言，其所得的资金补助还与省一级的财政支出结构有很大的关联。而对口支援通过行业与行业、部门与部门、县市与县市之间的结对，可以直接将支援递送到基层政府。如果能够将对口支援的资金支出与省及以下各级的转移支付很好地结合起来，就能够因地制宜，更有效地改进公共服务的支出结构，促进公共服务的均等化。事实上，如上文所讲的那样，在现实的运作程序中，可以由受援方主动提出支援要求，也可以由支援方提出支援方案，但这样虽然能够协调双方的供需，但毕竟显得缺乏规划。如果能够制定出受援方的需求标准，并采取科学系统的方法确定受援额和受援物资，就能够很好地改善对口支援的支出结构，也有助于改善需求方的财政支出的效益。

（二）中长期内财政均等效应分析

中央要求对口援助的政策应连续 3 年实施，每年对口支援额原则上不低于本省市上年地方财政收入的 1%。若不考虑其他渠道的援助资金，同时我们把连续 3 年时间作为中长期的影响，通过 3 年的连续财政援助，以检测对口支援政策实施一定时间内的财政均等化效应。对口支援连续 3 年对口援助总量和人均援助额以及总额比如表 2－6 所示。

表 2－6　对口支援连续 3 年的对口援助总量和人均援助额以及总额比

对口援助受援方	3 年援助财政金额（一般预算收入 1% 计）/亿元			受援方连续 3 年接受的援助额/亿元	受援地区接受的平均人均援助额/元	受援地区基年财政预算支出/万元	受援方援助额与基年总额比
	2007 年	2008 年	2009 年				
什邡市	14.93	18.38	20.27	53.58	13 129	86 803	6.17
都江堰市	20.75	23.59	25.4	69.74	11 675	117 984	5.91
北川县	16.76	19.57	21.99	58.32	38 743	36 776	15.86
绵竹市	22.38	27.32	32.29	81.99	15 726	91 091	9.0
汶川县	27.86	33.10	36.5	97.46	82 726	33 278	29.29
江油市	8.62	10.09	11.26	29.97	2 613	108 482	2.76
平武县	7.89	9.48	10.68	28.05	15 739	39 808	7.05
安县	10.83	13.56	15.92	40.31	7 874	52 800	7.64
理县	6.06	7.23	8.48	21.77	49 528	18 941	11.50
彭州市	6.99	8.33	9.33	24.65	3 147	81 807	3.01
茂县	5.98	7.48	8.06	21.52	19 981	31 960	6.73
剑阁县	4.41	5.78	6.42	16.61	2 482	74 387	2.23
黑水县	3.21	4.23	4.88	12.32	20 092	24 478	5.03
松潘县	5.44	7.25	9.32	22.01	29 531	29 568	7.5

续表

对口援助受援方	3 年援助财政金额（一般预算收入 1% 计）/亿元			受援方连续 3 年接受的援助额/亿元	受援地区接受的平均人均援助额/元	受援地区基年财政预算支出/万元	受援方援助额与基年总额比
	2007 年	2008 年	2009 年				
崇州市	4.43	5.78	6.56	16.77	2 523	87 718	1.92
汉源县	5.91	7.11	8.15	21.17	6 971	38 164	5.55
小金县	3.90	4.89	5.82	14.61	18 519	24 449	5.96
青川县	16.49	19.34	21.43	57.26	24 875	46 141	12.41

注：1. 基年是受灾前的 2007 年。

2. “人均援助额”指标中的人口数，为统一口径以 2009 年年底为基准，3 年的总和计算而得。

3. 各地财政收入与支出额，均为地方一般预算。数据来源于《中国统计年鉴》《四川省统计年鉴》，部分数据来源于四川省各地市国民经济与社会发展公报，四川统计网，http：//www. sctj. com.

从连续 3 年对口援助的中长期效应来看，即使不考虑其他途径的援助渠道（如中央财政等），仅仅是省际对口支援总量与援助规模就远大于基年的财政支出额，相对援助程度最低的崇州市也大约是基年财政支出的 2 倍，援助总量最低的小金县也近 15 亿元。因此从总量和相对规模上看基本能够弥合地方财政支出的缺口，保证了地区间基本的财政供给水平。但由于对口援助的支援方之间本身存在着差异，受援地区社会经济发展的不平衡性和受灾程度进一步从“人均援助额”与“总额比”两个指标分析，又存在着较大的差异，如图 2－3 所示。

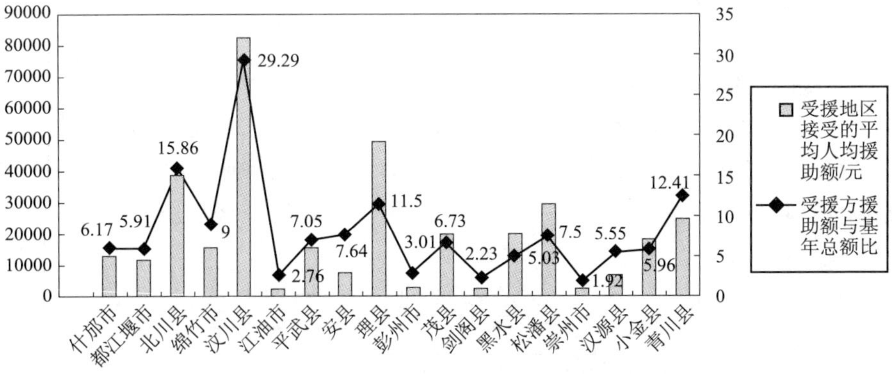

图 2－3　“人均援助额”与“总额比”分析

连续 3 年的“人均援助额”资金平均为 20 326.3 元，但最高的汶川县（人均 82 726 元）是最低的剑阁县（人均 2 482 元）的 33.33 倍。与基年的“总额比”看，平均为 8.08 倍，但各地间参差不齐，广东援助汶川县的倍比高达 29.29，而重庆援助崇州市的倍比仅 1.92，两者相差 15 倍多，使得受援地区的援助资金波动较大。在具体的实施过程中，由于对口支援各省市间的经济供给能力的不同，不可避免地影响到受援各地区的财力支出水平。根据统计，2007 年广东省地方一般预算收入为 2 785 亿元，按照 1% 计算，每年投入的援助资金就在 27.85 亿元左右，而江西省 2007 年地方财政收入为 389.6 亿元，每年投入的支援资金就在 3.9 亿元左右——两个数字相差甚远，仅仅一年间就整整 7 倍的差距！从这个数据我们也可以看出，如果某个市县的支援方是一个财政实力雄厚的省市，那么其财政缺口情况就完全可以得到解决。如果某个市县的支援方是一个财政实力一般的省市，那么对口支援对财政情况的改善就显得无能为力了。换言之，由于各个县市由各个不同的省市实施，所以对口支援在实施上显得各自为政，缺乏统筹规划。这种资金分配与支出的不平衡关系不可避免地影响到各地间的财政均等效应。这至少说明我国对口援助政策在实施过程中，或者其政策运行本身就存在着需要改进与完善的地方。导致这些问题的原因是多方面的：一方面在于行政管理体制的不协调，使得宏观管理统筹缺乏有效的协调机制，各省市各自为政；行政管理级别的不对等，支援方与受援方在具体实施过程中的利益与目标取向存在着较大的偏离，在一定程度上影响了政策实施的效应。另一方面政策实施的经济援助整体规划不明确，尤其是援助资金与中央财政和地方财政的整体统筹安排到目前还没有定位各自的责任，使整体资金的统筹安排存在着一定的模糊状态，造成了各地间财政援助资金的明显差异。另外，由于对口援助的行政性特点，不可避免地与市场机制的运行存在着矛盾，也会影响到对口支援区域进一步合作的长效机制的形成与效应。

第二节　对口支援下基本公共服务均等化运行存在问题

对口支援是横向转移支付，其作用是用来弥补纵向转移支付的不足。但自 1994 年分税制改革后，转移支付体系对地区财政差距的纠正作用并未发挥出明显的效用，根据安国富、任强研究，1995—2004 年，全国各地区人均财政收入和支出的变异系数不仅没有减小，反而扩大化了。具体情况见图 2 -4。

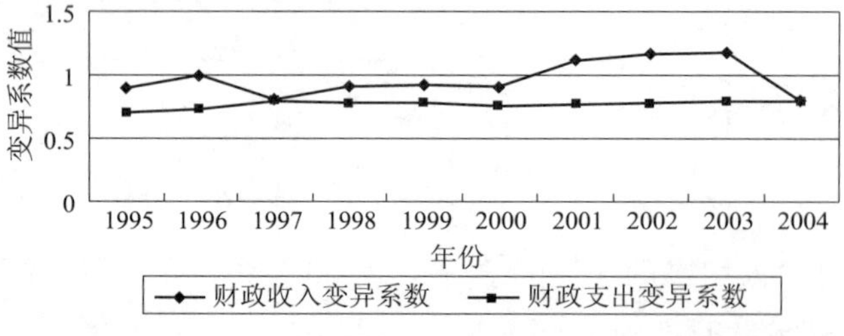

图 2 -4　1995—2004 年各地区人均财政收入和支出的变异系数变化情况

变异系数为各地区人均财政收入（或支出）的标准差/全国各地区人均财政收入（或支出）的均值。从变异系数的变化我们可以看出，在中央对地方政府转移支付后，全国各地区的人均财政支出的差距不仅没有呈现减小的趋势，反而地区之间的差距在不断地拉大。可见转移支付的力度是不够的，或者是转移支付体系存在着问题，这对我国地区间公共服务均等化的解决是一个比较大的挑战。要解决公共服务均等化的问题，必须进一步地深化财政体制改革，完善转移支付体系，同时还可以考虑借助对口支援式的横向财政转移支付手段。但我们在对上面转移支付运行状况的分析中，我们发现了对口支援在减小公共服务均等化差距方面的几个缺陷。

首先地区之间的对口支援由不同的支援方实施，对援助额的大小仅仅是做了一个粗略的规定，并没有一个科学系统的支援标准，比方说对受援方公共服务均等化应当支援到什么程度，什么档次，现在离这个标准还有多大差距，需投入多少资金，每份公共服务的成本是多少，等等，都没有一个系统的规定。假定现在要建造一个学校，由于缺乏相应的定额标准和令第三方信服的审计监督体系，那么建这个学校究竟花了多少钱，事实上根本就不确定。所以单凭从支援额就无法对地方公共服务均等化的支援程度进行准确度量。另外地区之间的支援各自为政，有的支援方财力雄厚，有的支援方财政本身就捉襟见肘，提供的支援程度当然有所差异。以上这些问题的解决均需要一个完善的统筹规划体系加以运作，很遗憾的是当前中央层面的运作机构在这一方面并没有发挥出充分的作用。

其次就整个支援总额来看，在四川整个的支援的支出结构偏向于基础设施建设，这个与灾后的大规模重建有关。但对口支援往往是直接地接受受援方的安排进行建设，对当地的财政转移支付的支出结构根本就无法进行干预。而转移支付同样存在这种问题，转移支付的资金划拨仅仅划到省级层面，与地方基层的财政支出无法形成整体的协调，使得资金的运用不能有效地促进地区间公共服务均等化的目的。既然如此，想要把对口支援跟转移支付结合起来，让对口支援起到转移支付所起不到的补充作用，在实际运作上加以结合存在着一定的操作上的困难。所以在促进公共服务均等化的转移支付中，如何进一步理顺转移支付的层次和体系，如何将不同的转移支付形式加以配合，集成合力对公共服务均等化起到促进作用，将是以后改革和完善对口支援形式的重点。

再次公共服务均等化不仅仅是一个短期目标，而应是一个长期的政策计划。我国目前具有横向转移支付性质的对口支援，依然大都停留在为了“对口”而“支援”的状态，对口支援的实施机制有较大的随意性，缺乏明确的长期政策目标；要把解决当前问题与实现长远目标相结合起来，既要优先解决对口支援地区面临的民生问题，如：劳动就业、社会保障、医疗卫生等与人民生活直接相关的问题，实现基本公共服务的需求；又要立足长远，提高人口素质，保护生态环境，培育特色产业，增强自我发展能力；继续坚持有关部门和省市共同支援救助，巩固和发展纵横合力的支援方式，保持结对支援关系不变，以达到长期性和稳定性，鼓励支援省市与受援方因地制宜地开展经济合作。贫困和落后地区因通过横向转移支付的对口支援，对当地的财政能力的增强，不是一次、两次的“对口”而“支援”的形式化，而是在“援助方”与“受援方”的相互协议下，为达到一个明确的援助的政策目标而实施的具有长期性、稳定性及制度化的过程。

总体上来看，当前不论是转移支付还是对口支援，对公共服务均等化差距的解决都存在着一定可优化的空间，虽然在一定程度上起到了作用，但离公共服务均等化的标准还有很大的距离。我国改革开放以后，在市场机制的作用下，地区经济之间的发展差异越来越大，西部地区跟东区地区的财政收入与支出之间的差距加以扩大有其内在必然性。所以政府必须要在宏观层面加大对区域差距过大的调控力度，促进共同富裕。对口支援这种形式，能够让先富帮后富，有效地调动各个方面的积极性，在保证效率的同时，兼顾了公平，所以应当让对口支援在公共服务均等化的完善中发挥更大的作用。

第三章

对口支援下地方经济增长的实证分析①

对口支援政策的实施是由于我国东西部、城乡间、区域间财政差距巨大，转移支付任务艰巨且纵向转移支付本身的缺陷，从而导致中央财政的压力过大，“中国必然要选择以纵向平衡为主，纵横交错的转移支付模式”，以减轻中央财政的压力；同时对口支援政策依据受援方的不同需要，通过对资金、物资、技术及人员等方面的直接援助，其内容涉及工业、农业、商贸、科技、人才、文教、卫生、劳务（服务）等各个领域，更有针对性地促进地方经济的发展。

第一节　对口支援与地方经济增长的关系

对口支援对被支援方稀缺资源的援助，加大对资金和物资（资本）、技术人员和管理干部培训以及劳务的输入与输出（劳动）、经济技术合作和科学知识交流（提高劳动生产率）的投入和援助，以提高欠发达地区的经济增长能力，从而协调地区间的经济发展，达到共同发展的目的。前面的章节里，我们已经简要论述过，对口支援有针对性的援助措施，增加了受援地区的物质、人力（技术与管理）投入力度，提高了受援地区人均消费水平和增长速度，客观上夯实了受援地区经济发展的潜力，从理论上，该地区的经济产出也会以同步速度递增。同时由于我国幅员广阔，各地区的自然禀赋和发展阶段差异很大，上述被忽略的土地和自然资源等恰恰又是很多受援地区具有的相当丰富的生产要素的禀赋优势。各地区可根据本地区所拥有的相对丰富的禀赋资源，以发挥受援区的相对禀赋优势，运用本地区丰富禀赋生产的产品交换相对稀缺资源的产品，不仅发挥本地区的相对优势，促进本地区的经济发展，而且还实现了各地区间的优势互补，协调各地区间的经济发展，最终实现共同发展的目的。

① 本章内容是2012年高校人文社会科学重点课题项目“省际对口支援政策的经济效应问题研究”的阶段性研究成果，部分内容载于“花中东，刘忠义．省际对口支援政策促进地方经济增长效应实证研究——以四川灾区为例［J］．滁州学院学报，2012（1）：76－79.”。

我国实行对口支援的初衷是对受援地区的民生需求进行支援，以缓解当地财政压力。其政策的实施在政府统一规划的框架下，积极发挥市场机制的作用及微观经济主体的主动性和创造性。这是对口支援的一个总的原则，因而对口支援客观上促进了被支援地区经济的增长，这种增长效应主要是通过横向财政支出借助市场机制加以实现的。根据凯恩斯需求管理的经济理论，政府财政的购买会对经济的增长产生乘数效应，通过乘数的连锁反应会提高当地的经济增长数量和规模。前面我们已经从理论上验证了对口援助政策实施效应的可行性，并将在下面的内容中通过实证研究的分析方法，具体阐述对口支援政策实施在短期内与地方经济增长的相关性及其效应分析，并通过凯恩斯模型检验乘数效应对地方经济增长长期的影响效应。

第二节　对口支援下地方经济增长运行分析

我国先进地区对落后地区的对口支援政策实施，通过资金、物资、技术及人员等方面的援助，客观上提高了受援区经济发展的能力，从宏观经济运行的层面上，投资效应带动了经济增长。本节拟对对口支援与四川 18 个县市之间的经济增长做一个实证分析，如果其之间存在明显的相关关系的话，将在此基础上，借助凯恩斯需求管理模型，估算出对口支援对四川 18 个县市经济增长的一个长期效应，从而给对口支援政策实施与受援地区经济增长的关系提供一个实证依据。

一、对口支援对经济增长的短期效应分析

对口支援政策的实施，增加了地方政府的财政能力，通过政府力量的作用加大了公共投资力度；同时通过财税、金融等优惠政策的市场效应，吸引了大量的私人资本投资，在政府引导与市场化运作机制下，一方面为保障和改善人民的基本生活福利水平，大量的基础设施的建设和公共服务水平方面的建设，促进了受援地区基础设施及固定资产的形成，另一方面充分发挥企业主导作用与社会参与相结合，把项目、资金、技术、人才多种援助方式结合起来，更多地发挥市场机制的作用，推动企业成为经济合作和投资的主体。大量的公共投资和私人投资在短期内对当地的经济起步产生了极大的刺激作用。

以四川灾区为例，对口援助项目的建设，使得灾区大量基础设施相继建成，全社会固定资产的投资也逐年增加，为社会的经济增长奠定了基础。

从表 3－1 可以看出，尽管灾区的生产设施和能力受到极大破坏，很多项目目前正在待建之中，而且准确的固定资产投资额很难得到，但灾区的固定资产投资已基本初具规模。伴随着大规模基础设施建设和固定资产投资，刺激了当地的消费需求和就业增长。

表 3－1　2006—2009 年对口支援四川灾区受援地区工业总产值及全社会固定资产投资

万元

受援地区	工业总产值（2007 年）	全社会固定资产投资		各市、县地区	工业总产值（2007 年）	全社会固定资产投资	
		2006 年	2009 年			2006 年	2009 年
北川县	99 112	72 389	50 091	彭州市	1 078 373	506 394	378 122*
汶川县	386 874	131 392	82 776*	茂县	53 247	96 737	73 512*
青川县	63 782	66 863	40 266	理县	38 779	139 670	102 395*
绵竹市	2 658 474	143 972	102 026*	黑水县	12 790	120 109	93 443
什邡市	1 652 513	192 490	137 433	松潘县	8 407	112 000	86 702
都江堰市	582 913	905 679	786 245	小金县	7 318	38 299	54 144*
平武县	102 716	127 844	85 857*	汉源县	95 480	336 136	126 846
安县	385 300	106 234	75 401	崇州市	571 216	37 825	39 636*
江油市	1 309 558	312 953	134 286*	剑阁县	101 121	124 541	98 134

注：1. 资料来源于 2007—2008 年《四川统计年鉴》，2009 年四川相关网站和资料。

2. "—" 为缺失，2009 年（短期内）数据是依据网络等资料计算加总和（部分按比例的估计数＊），仅供参考。主要网站为：http：//www. molss. gov. cn；http：//www. edu. cn；等。

由表 3－1 可知，18 个县市的全社会固定资产投资 2006 年和 2009 年有很大的差异，2009 年较之 2006 年全社会固定资产投资下降不少。而根据统计年鉴，各地区平均的全社会固定资产投资总额增长率每年都有不同幅度的增幅，具体如表 3－2 所示。

表 3－2　全社会固定资产投资总额增长率

年份	2006	2005	2004	2003	2002	2001	2000	1999	1998
增长率/%	30. 1	30. 7	26. 6	－6	17. 6	14. 1	15. 8	6. 9	23. 6

注：资料来源于《中国统计年鉴》及 2006 年地方统计公报。

由于资料收集原因，2007 年、2008 年数据未知，但也基本可以断定 2009 年较之 2006 年四川省 18 个县市全社会固定资产投资下降受地震影响的因素很大。从中我们也可以看出外部财政支援的重要性。

为了验证对口支援对当地经济增长的效应，笔者为此对这 18 个县市 2009 年的 GDP 和人均 GDP 与对口支援额之间做了回归分析，以检验其显著性，样本数据如表 3－3 所示。

表 3－3　2009 年年底对口支援受援地区 GDP 及人均 GDP

地区	GDP/亿元	人均 GDP/元	地区	GDP/亿元	人均 GDP/元
北川县	18.78	8 693	彭州市	125.44	16 107
汶川县	23.64	21 888	茂县	12.22	11 465
青川县	13.52	6 232	理县	7.38	15 667
绵竹市	124	25 535	黑水县	7.26	12 035
什邡市	110.09	25 250	松潘县	7.12	9 942
都江堰市	116.88	18 432	小金县	5.73	7 151
平武县	15.44	9 382	汉源县	27.42	8 525
安县	46.78	11 305	崇州市	93.28	14 475
江油市	152.27	17 872	剑阁县	43.41	7 473

注：资料来源于 2010 年《四川统计年鉴》。

四川省 18 个县市的对口支援额可见第三章，本章利用四川省在 2008 年接受了对口支援的 18 个县为样本，检验对口支援短期内对当地经济效应的影响，主要变量解释如下：

（1）自变量：对口支援额（万元）。

（2）因变量：GDP（万元）和人均 GDP（元）（缺失用均值替代）。

（3）控制变量：考虑到当年财政支出对当地经济发展的影响，将财政支出（万元）纳入模型，作为控制变量进行控制，以更好的检验对口支援对当地经济发展的影响效应。

实证检验与结果分析：

（一）主要变量的描述性分析（见上述）

（二）主要变量的相关性分析

在进行回归检验前，先对主要的上述变量进行了相关性分析，具体如表 3－4所示，由检验结果显示：对口支援额对 GDP 的影响为正相关关系（$P<0.05$），与人均 GDP 也有显著正相关关系（$P<0.01$）。财政支出额对 GDP 和人均 GDP 也存在同样的显著正相关关系。下面将通过回归分析，进一步检验这些变量之间的关系。

表 3－4　主要变量的相关性分析

项　目		财政支出额	对口支援额	GDP	人均 GDP
财政支出额	皮尔森相关	1			
	Sig.（2－tailed）				

续表

项　目		财政支出额	对口支援额	GDP	人均 GDP
对口支援额	皮尔森相关	0.167**	1		
	Sig.（2－tailed）	0.003			
GDP	皮尔森相关	0.517**	0.554 *	1	
	Sig.（2－tailed）	0.000	0.017		
人均 GDP	皮尔森相关	0.528*	0.678**	0.727**	1
	Sig.（2－tailed）	0.029	0.002	0.001	

注：**：在 0.01 水平上呈现显著相关性（2－tailed）；*：在 0.05 水平上呈现显著相关性（2－tailed）。

（三）回归检验结果分析

拟检验模型为：$Y=\beta X+\alpha$，其中，Y 为被解释变量，测量该地区的经济效应的指标，即上述所指的 GDP 和人均 GDP 指标；X 为解释变量，即本文对口支援额指标；β 为对口支援对当地经济发展的影响效应系数；α 为控制变量以及未观察到的变量的影响效应。

步骤如下，检验对口支援对经济效应的影响效果：①将控制变量进入检验。②将对口支援额进入模型，检验其影响效应。③为了检验模型的稳健性，先后用 GDP 和人均 GDP 进行两次模型回归。④考虑到对口支援对经济影响的作用可能存在滞后效应，本书对还利用 2009 年 GDP 进行了滞后效应检验。具体检验结果如表 3－5、表 3－6、表 3－7 所示。

表 3－5　对口支援对当地经济增长（GDP）的影响性检验

主要变量	模型 1			模型 2		
	未标准化相关系数	T 值	标准化相关系数	未标准化相关系数	T 值	标准化相关系数
Constant	－154 540.082	－1.126		－155 815.729	－1.018	
财政支出额	10.028***	5.492	0.817	9.990***	3.940	0.814
对口支援额				0.014**	2.2	0.005
R^2	0.668			0.702		
Adj R^2	0.648			0.661		
F 值	30.166***			14.078***		

注：1. 被解释变量为 GDP。

2. * 表示 $P<0.1$；** 表示 $P<0.05$；*** 表示 $P<0.01$（下同）。

3. 样本观测值为 18 个。

表 3-6　对口支援对当地经济增长（人均 GDP）的影响性检验

主要变量	模型 1			模型 2		
	未标准化相关系数	T 值	标准化相关系数	未标准化相关系数	T 值	标准化相关系数
Constant	0.594	1.785		0.327	1.029	
财政支出额	1.068×10^{5} ***	2.410	0.5283	2.758×10^{6} ***	0.523	0.136
对口支援额				3.026×10^{6} **	2.254	0.588
R^2	0.279			0.471		
Adj R^2	0.231			0.395		
F 值	5.808 **			6.234 ***		

表 3-7　对口支援对当地经济增长（GDP 滞后一年，2010 年）的影响性检验

主要变量	模型 1			模型 2		
	未标准化相关系数	T 值	标准化相关系数	未标准化相关系数	T 值	标准化相关系数
Constant	-166 903.289	-3.026		-168 280.988	-1.120	
财政支出额	10.830 ***	4.490	0.687	10.790 ***	3.840	0.704
对口支援额				0.016 **	3.5	0.015
R^2	0.670			0.687		
Adj R^2	0.644			0.660		
F 值	30.177 **			14.122 ***		

模型 1 检验了控制变量财政支出额对经济发展的影响，从 R^2 和 Adj R^2 以及 F 值的结果来看，模型拟合优度较好，结果显示，财政支出额对 GDP 的影响为显著正相关（$P<0.01$），影响的边际贡献率为 10.028；模型 2 进入了解释变量对口支援额后，模型的 R^2 和 Adj R^2 均有所提高，模型拟合优度比模型 1 更好，且检验结果表明，对口支援额对当地经济增长具有显著的正相关关系（$P<0.05$），影响的边际贡献率为 0.014。

表 3-6 检验了对口支援额对人均 GDP 的影响，虽然模型的 R^2 和 Adj R^2 均有所缩小，但基本上可以在可接受范围，加之，从 F 值显著性来看，模型 2 优于模型 1 的拟合优度。该结果同样说明了，对口支援对人均 GDP 的影响为显著正相关关系（$P<0.01$）。

考虑到对口支援对经济影响存在滞后效应，表 3-7 进一步检验了对口支援对当地 GDP 滞后一年的影响。检验结果说明：对口支援是存在滞后效应的，从表 3-7 模型 2 对口支援的系数和表 3-6 对口支援的系数看，滞后一年的影响系数更大。

从上述回归结果进行分析，我们可以看到在财政支出与对口支援滞后一期的模型中，财政支出额与对口支援都与 GDP 呈正相关的关系，而且在模型 2 中加入对口支援后 Adj R^2 明显提高，这表明对口支援具有一定的滞后效应，换句话说，就是具有一定乘数效应，对经济的长期增长也有一定的促进作用。

二、对口支援对经济增长的长期效应分析

关于长期的经济增长，根据卢卡斯、罗默等人的研究结果，现代内生经济增长理论认为物质资本、有效人力资本和技术创新是经济长期增长的驱动力。对口支援的投入，长期来看会借助乘数效应对经济的增长起到很大的贡献。而这又主要依赖受援方固定资本和有效人力资本的形成，同时支援方的先进生产技术和人力资源的培训也对受援方的长期经济增长有一定的促进作用。以四川地震灾区为例，在对口支援中由于当地地震过后固定资产储蓄率很低，所以依靠当地的财政投入或者是私人投资来拉动当地经济的增长着显然是不现实的，对口支援借助兄弟省份的财政投入以及现成的投资体制可以有效地促进当地经济的增长，为此笔者采用凯恩斯模型，借助计量手段估算出对口支援通过乘数效应对地方经济增长所做出的贡献。根据国民恒等式 $Y=C+I+G$，以及消费函数 $C=C_0+bY$，b 为消费倾向。我们可以得出投资和政府购买的乘数 $1/(1-b)$，为了估算出乘数，我们必须首先估算出消费倾向 b。为此，我们也可以计算出地区的储蓄率。

假定个人收入共有两部分用途，一部分用于现期消费，包括食品、衣着、居住、家庭设备用品及服务、医疗卫生服务、交通通信、教育文化娱乐服务等；另一部分用于远期消费形成储蓄。根据个人消费函数 $C=C_0+bY$，其中 C_0 为不随收入变化的、稳定的消费，b 为个人边际消费倾向，我们就可以知道投资对当地经济增长的影响，因为边际消费倾向具有一定的稳定性，即使是突发事件刺激短时间内有上升的趋势，但从长期看，重新回到稳定状态。因此为了体现问题的一般性，现选取 2000—2007 年四川省城镇居民人均年收入和人均消费水平数据代替四川对口支援 18 个县市的样本数据，利用统计软件对 $C=C_0+bY$ 消费函数进行回归分析。

表 3-8 四川省城镇居民家庭平均每人每年收入及消费支出 元

年份	城镇居民人均年收入	城镇居民人均年消费支出	年份	城镇居民人均年收入	城镇居民人均年消费支出
2000	5 925.59	4 855.78	2004	7 709.83	6 371.14
2001	6 406.56	5 176.17	2005	8 385.96	6 891.72
2002	6 988.59	5 413.03	2006	9 350.11	7 524.81

续表

年份	城镇居民人均年收入	城镇居民人均年消费支出	年份	城镇居民人均年收入	城镇居民人均年消费支出
2003	7 041.51	5 759.09	2007	11 098.28	8 691.99

注：资料来源于《四川省统计年鉴》。

通过回归分析可以得出：$C=323.22+0.7646Y$，其中 T-Statistic（18 288.26），Adjusted-R^2（0.988 9），回归显著。需说明的是，此处得出的是城镇居民的平均边际消费倾向 $b=0.7646$，对口支援 18 个县市的平均边际消费倾向短期内因灾情的影响可能会更高。因此我们大致可以得到其投资乘数大约为 4.25～5 倍，我们可以通过这个乘数（以 5 倍为计量）与短期援助额可大致估算出对口支援对 18 个县市的 GDP 贡献，具体情况如表 3－9 所示。

表 3－9　乘数效应对 GDP 的估值的贡献　　亿元

城市名	北川县	汶川县	青川县	绵竹市	什邡市	都江堰市	平武县	安县	江油市
估算值	62.95	208.1	164.9	218.2	265.3	309.9	53.15	130	80
城市名	彭州市	茂县	理县	黑水县	松潘县	小金县	汉源县	崇州市	剑阁县
估算值	165.9	105	82.8	64.5	94.45	50	75	28.8	155

对照表 3－10 中 2007 年 18 个县市的 GDP，我们可以知道对口支援的乘数效应对当地经济的拉动是相当大的，当然乘数效应的效果是一个长期的过程，而不是一年中的 GDP。

表 3－10　18 个县市 2007 年的 GDP　　亿元

城市名	北川县	汶川县	青川县	绵竹市	什邡市	都江堰市	平武县	安县	江油市
2007 年 GDP	13.16	28.77	13.78	142.5	127.3	116.22	16.3	50.73	138.5
城市名	彭州市	茂县	理县	黑水县	松潘县	小金县	汉源县	崇州市	剑阁县
2007 年 GDP	108.4	10.13	6.33	4.94	8.20	4.50	22.1	79.59	32.64

注：资料来源于《四川省统计年鉴》。

很显然，仅仅一年多的时间内，四川地震灾区在生产力遭到极大破坏，几乎没有生产能力的基础上灾区彻底瘫痪的生产已逐步得到了恢复，其投资产生的经济效应逐渐显示出来。同时通过投资乘数运算所得的理论 GDP 的乘数效应是需要时间的，在短期内与实际经济产量存在较大的差额是可能的，尤其需要说明一点，在投资的乘数效应发挥作用的时间过程中，又会有新的投资发挥作用，加速了地方经济的增长。

我们知道，乘数效应作用的发挥要以一定的社会过剩生产能力和资源为基础。对口援助等政策实施产生的有效需求，将会通过区域社会产品生产的一系列投入产出关系来消耗该区域相对过剩的产品和劳动生产能力。由于对口援助的持续投入，加上政府的市场优惠政策的引导和丰裕的劳动力资源，使得各环节生产经营活动能够不断地得到补充和恢复；同时对口支援所产生的区域性投资需求不会引起宏观上的利率上升，从而也不会引起储蓄的增加和消费的减少；因此，对口支援政策实施所产生的区域性投资需求与整体宏观储蓄率的决定是相对独立的。另外，对某一地区（如四川地震灾区等）的对口援助的货币（资本）的供给（投资量）是根据该地区实际的投资需求的客观要求而实施的援助，有计划有目的甚至有针对性地实施，总体上一般都符合该地区投资支出增加的需要。最后，实施对口支援的受援地区一般都会享受政府的税收减免等优惠政策，只会从外部注入大量的公共与私人资金，而不会发生经济运行中资金抽走而产生的“挤出效应”等。因而笔者认为，从长期效应来看，对口支援的投资乘数效应对当地的经济发展是能够实现的。

总的来看，由对口支援对当地的 GDP 的贡献是基础建设投入量的 4 ~ 5 倍，显然是巨大的，尽管这仅是个理论上的估计，但其实际效用正逐步显示出来。从长期来看，对经济效应的影响是能够实现的。为此，我们既然已经证明支援政策的实施与地方经济增长之间存在着显著相关性，就可以通过受援地区接受援助以后该区域相关经济指标的变化情况，以反映出该地区社会经济增长的发展趋势。

由于 2011 年以后的年鉴数据尚未公报，我们通过受灾前一年（2007 年）的数据、受灾年份（2008 年）以及灾后对口援助的两年多（如果从 2008 年 7 月到 2010 年年底，对口支援持续时间应整整两年半）的该区域内受援方的 GDP 及人均 GDP 的变化规律和趋势看（见表 3 - 11），2008 年由于受到灾情的严重影响，同时对口援助的实施短期内主要针对民生保障和基础设施方面，尚未显现出经济增长效应，该年份各地区的平均经济总产出处于最低水平，即使实施了近半年的援建工作，从总量上的平均水平看比受灾前的 2007 年还是下降很多，可见灾害对当地的经济存量的破坏力有多大了。

表 3 - 11 2007—2010 年四川 18 个受援地区 GDP 及人均 GDP 的变化情况

受援地区	2007 年		2008 年		2009 年		2010 年	
	GDP /亿元	人均 GDP/元	GDP /亿元	人均 GDP/元	GDP /亿元	人均 GDP/元	GDP /亿元	人均 GDP/元
什邡市	127.3	29 703	92.62	21 498	110.1	25 250	135.8	31 881
都江堰市	116.2	18 568	76.65	12 301	116.9	18 423	143.5	22 036

续表

受援地区	2007 年		2008 年		2009 年		2010 年	
	GDP /亿元	人均 GDP/元	GDP /亿元	人均 GDP/元	GDP /亿元	人均 GDP/元	GDP /亿元	人均 GDP/元
北川县	13. 16	8 598	10. 17	6 735	18. 78	8 693	23. 44	11 316
绵竹市	142. 5	28 863	104. 4	21 292	124	25 535	118. 1	24 533
汶川县	28. 77	26 204	13. 69	12 757	23. 64	21 888	33. 77	31 801
江油市	138. 4	16 438	135. 8	15 981	152. 3	17 872	178	22 055
平武县	16. 33	9 366	13. 13	7 741	15. 49	9 382	19. 07	11 352
安县	50. 75	10 434	49. 17	10 086	46. 78	11 305	55. 9	14 306
理县	6. 33	13 245	3. 86	8 290	7. 38	15 667	9. 14	19 398
彭州市	108. 4	14 028	100. 9	12 998	125. 4	16 107	149. 2	19 343
茂县	10. 13	9 512	6. 6	6 239	12. 22	11 465	14. 39	13 489
剑阁县	32. 64	5 726	37. 44	6 539	43. 41	7 473	49. 78	9 542
黑水县	4. 94	8 367	4. 39	7 381	7. 26	12 035	8. 81	14 531
松潘县	8. 2	11 596	5. 44	7 661	7. 12	9 942	8. 58	11 870
崇州市	79. 59	12 280	94. 14	14 472	93. 28	14 475	112. 5	17 331
汉源县	22. 13	6 972	25	7 834	27. 42	8 528	31. 45	9 714
小金县	4. 5	5 770	4. 33	5 490	5. 73	7 151	6. 41	8 065
青川县	13. 78	6 107	11. 45	5 324	13. 52	6 232	15. 94	7 206
平均值	51. 34	13 432	43. 84	10 590	52. 82	13 746	61. 88	16 654

注：资料来源于 2008—2011 年《四川统计年鉴》。

但从 2009 年和 2010 年的数据和图 3－1 看，情况已明显好转，2009 年不仅基本恢复了社会经济发展的基础，很快达到了 2007 年受灾前的水平，而且仅一年后的 2010 年，各地区的经济增长指标均超过了 2007 年，个别地区的经济总量

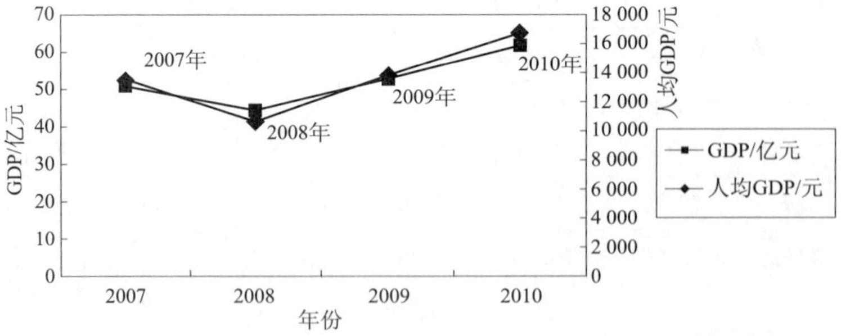

图 3－1　2007—2010 年 18 个受援地区“GDP 及人均 GDP 的总和平均值”变化趋势图

的增长幅度甚至到达了近50%。可见对口支援工作的实际效果已初步显示出来，随着时间的推移，经济效应增长的趋势会越来越显著。

当然此处的研究仅仅是针对经济产出上的指标，其他如对口支援对经济结构的调整效应，对当地的市场化水平的促进作用等，由于缺乏相应的资料和数据来源作支撑，本章无法对此作系统分析。

第三节 对口支援与地方经济增长存在问题分析

一、外在的短期刺激与内在的长期规划的协调性不足是问题的根本

支援方对受援地区的对口支援，短期内通过大量的公共投资和私人资本的投入，刺激了消费和就业的增长，在保障和改善基本民生的同时，刺激了地方经济增长，但要做到与地方经济“互惠互利”地长期协调发展，仅依靠支援方单方面的投入是不行的，归根结底取决于受援方内在的经济发展潜力、建立在市场机制运作下的“造血”机能的培育程度，主要表现为企业的竞争力、市场的生存能力。各地区间与此相关的内在的长期规划的协调性显然不足。因而对受援区的对口支援，不仅为资金、物资的直接的硬件援助，更重要的是建立健全受援地区市场机制、不断完善法制建设和先进理念的文化建设等软件援助，使受援区“造血”机能的培育产生实际效益，能够参与国内、国际市场的竞争，真正起到促进地方经济发展的目的。而目前更注重行政指令下的短期内的外在刺激作用，却缺乏长期的合理规划，以致使一些援助计划项目半途而废，没有可持续性。这些都是目前我国对口支援政策实施中所存在的主要问题。

二、中央高层统筹与地方政府政策具体实施缺乏有效的协调统一是问题的基础

“分税制”改革以来，我国政府间转移支付制度的运行机制、内容及形式虽存在着一些不足和问题，但经过近二十年来的制度运行已相对较为成熟。中央高层与各地方政府可通过合理统筹规划，将对口支援政策的落实与地方财政预算相结合，不仅能够对口援助特定的效用，还起到弥补转移支付中的缺口与空白的作用，使公共资金的使用效率达到最佳效果。通过中央宏观上的协调统筹与地方政府积极配合，可加强地方政府对口支援的有效协调，减少各援助省市在具体操作上的各自为政，提高援助资金的整体共赢效应。

客观上说，支援方在行政政绩与晋升以及本地区市场企业的受惠等方面，会首先考虑到本省市地方经济的发展，如四川援建投资项目约70%是由援建省市直接完成的。这在短期内能够为受援地区起到“输血”的作用，但不利于其“造血”机能的培育，有碍于这些区域社会经济的长期增长与稳定发展。通过高层统筹的策划，协调地方政府之间利益与目标取向的差异，同时能够尽可能弱化

由于援助双方的行政管理级别的高低、支援省市所派出的援助机构不纳入受援地区行政管理系统等所带来的种种矛盾，以削弱受援地区社会经济长期增长的不利因素。

三、完善资金统筹和审计监督管理机制，提高对口支援资金使用效率是问题的关键

我国的对口支援政策没有制度和法制的保障，往往援助方和受援方之间缺乏长期和稳定的协调关系，由于政治或者宣传效应的临时筹资行为，使得对地方财政的补给时断时有，不仅达不到增强地方财政实力，促进地方经济发展的目的，还使得对口支援的资金运作效率低下，使用不规范、目的与方向不明确。从整体的资金统筹来看，各省市对口援助的资金规模至今始终无法明确与中央整体财政安排的关系。主要表现在整体灾后重建的安排以及对口支援省市此处付出与后续国家和支援方利益分配的关系。因此，存在着受援地区接受分配资金的较大差距与支援省市的支出总量的不平衡。从具体援助项目实施过程看，因缺乏规范的预算程序和严格的审计监督机制，使得大量公共援助资金没有起到切实的效应，使用效率低下，影响了后续的经济可持续发展。

四、短期规划与总量必要投入不衔接也是制约经济可持续增长的重要因素

对口支援的投入总量能否得到保证，这不仅是一个长效机制的问题，也是对地方经济协调发展的一个关键问题，关系到对地方经济的可持续协调发展。无论是三峡库区，还是四川灾区、贫困帮扶等，对口支援都面临着受援区经济极为贫困、落后的现实问题，即使是对口支援取得巨大成功的三峡库区建设，经过十几年的援助建设，依然面临着经济总量小、产业结构处于较低水平、财政收入偏低、收支缺口严重、产业整体竞争力偏弱等经济发展滞后问题，同时还存在着交通建设总体滞后、移民生活水平较低等问题。即便建立了稳定的长效机制和有效的监督管理机制，依然要保证对口支援的投入总量应不断满足受援地区的需要，才能真正起到促进地方经济协调发展的目的。

第四章

对口支援政策与转移支付制度互补效应分析[①]

在我国六十多年的财政体制改革实践中，随着政府在不同时期内实施的经济体制和经济政策的不同，财政体制的类型往往也随之相应地调整。但总体的发展趋势基本上是由集权高度集中，到集权与分权、集中与分散相结合，再通过推行分税制体制改革逐步扩大地方预算管理权限的变化历程。中华人民共和国成立后的近三十年间（1950—1979 年），尽管具体的财政体制形式有所不同，但基本上都属于中央集权型的“统收统支”体制。在这种体制下，财力和财权完全集中于中央，在实施“统收统支，收支两条线”的前提下，地方预算的独立性很小，基本没有独立自主权，而且地方可用的财力完全取决于中央核定的支出指标。这种财政体制过于关注于社会公平，因而损害了效率，严重影响了社会生产力的发展，同时由于其体制运行的有效期为“一年一定”，缺乏长期的稳定性，对社会经济发展易产生负面的波动影响。为激发地方和市场的积极性、主动性和创造性，改革开放初期，提出“效率优先，兼顾公平”的原则，大力发展社会生产力，挖掘市场潜力。在财政体制上也做了相应的改革和调整，这一时期（1980—1993 年）实行的基本上是大包干的“分灶吃饭”的财政体制，其目的在于调动地方财政理财的积极性，具体的实施上，不仅收入的存量分配向地方倾斜，而且收入的增量也基本归于地方，使得地方政府的财政实力大大增强，但同时中央集中的财力却相对缩小。“分灶吃饭”的财政体制客观上激发了地方经济的发展潜能，增强了地方的财政自主权，但同时也不可避免地削弱了中央的宏观调控能力。由于历史、自然条件以及经济基础等多方面的原因，使得各地区之间、城乡之间的社会经济发展差距逐步拉大，产生了严重的横向不均衡。横向不均衡从长远来看，会导致市场的无效率和社会的不公平等社会经济问题，由此而形成地区间公共服务水平的差距，这会促使生产要素过多地向富裕的地区流动，使得地区间的经济发展不平衡状况更加恶化，多年社会主义改革的成果无法有效惠及更广

---

① 本章内容是2012 年高校人文社会科学重点课题项目“省际对口支援政策的经济效应问题研究”的阶段性研究成果，部分内容载于“花中东，周理瑞. 省际对口支援政策与转移支付制度的互补效应研究[J]. 商业时代，2014（7）：40－42.”。

大的人民群众。因此通过中央政府的宏观调控对各地的财政供给能力进行合理的调节，以保障各区域间公共服务供给水平的基本一致是非常必要的，也即实现各地区间基本公共服务均等化，实现社会基本公共服务与基础设施的共同最低标准。

1994 年中央实施了分税制财政预算体制的改革，分税制的基本构成要素主要包括分权、分税、分管、分级预算和政府间转移支付。在确定政府间事权和支出范围的基础上，以税种为主划分各级政府财政收入，据此处理政府间财政关系的财政体制。旨在加强中央政府的宏观调控能力，以促进各地区间公共财政供给能力基本一致为基础的社会公平和经济社会的协调发展。

正如世界上无论是单一制还是联邦制国家一样，为了维护中央政府的权威和国家的统一，保障中央政府的宏观调控能力，维护税收的统一性和公平性，1994 年的分税制财政体制改革实施以后，一些主要税收项目均由中央征收。在客观上增强了中央财政收入的规模和能力，以便更有效地调整和提高整体民众的福利水平，也避免了部分地方政府能力过度膨胀。但同时根据财政有效性的原则，从财政支出角度，地方政府比中央政府更接近当地民众，因而与当地群众需求相适应的公共服务和产品，应由地方政府承担。从整体上看，我国分税制财政体制通过政府职能分工标准把事关国家全局利益的收入分配和经济稳定职能主要赋予中央政府；把区域性较强的资源配置职能主要赋予地方政府。同时依据公共产品分层次标准，即根据公共产品收益范围不同，把公共产品划分为全国性公共产品、地方性公共产品和区域性公共产品。一般而言，全国性公共产品由中央政府提供，地方性公共产品应由地方政府提供，区域性公共产品往往跨几个地区，应由中央政府和地方政府共同提供。以此为基础的分税制财政体制将全国的收入划分为中央税、中央与地方共享税、地方税，使得大部分的财政收入集中到中央政府。形成了“中央政府集中较多的财力而相应的支出责任较少”，同时地方政府需要承担较多的地方财政支出责任，却财力缺乏。即中央政府所要承担的支出职能（事权）较少，收大于支；而地方政府所要承担的地方政府职能却很多，收小于支。于是出现中央政府与地方政府之间的事权与财权不匹配等问题，政府间的转移支付制度成了不可或缺的调控手段。

第一节　我国政府间转移支付制度运行概述

“政府间转移支付制度”是指一个国家的各级政府之间，在既定的职责、支出责任和税收划分框架下财政资金的无偿转移，是我国目前财政预算管理体制的主要组成部分，其实施效果对我国预算管理体制的运行效率和公平性都有着非常重要的影响。我国政府间转移支付主要履行以下方面的重要职能：一方面由于各地方政府收入与支出划分的结构性失衡，而形成的地方政府的收入短缺所导致的事权与财权的不匹配，通过中央转移支付弥补缺口，以实现纵向财政均衡；另一方面由于各地区间社会经济发展水平的差异，从而形成各地区政府间可支配财力和财政净收益[①]水平的差距，通过中央政府（横向）转移支付，以保证各地区间基本公共服务供给水平的基本平衡，以实现横向财政均衡。与此同时，我国政府间转移支付还履行着"矫正地方政府公共服务的外部性"和"实现中央和地方政府特定的政策目标"等其他方面的职能。由于我国目前市场经济体制尚未完善，各地区间社会经济发展还存在着一定的差距，人员、物质、资金等要素的流动尚不充分，等等。通过中央层面的宏观调控对各地区的经济和财力进行合理的调节是十分有必要的，很大程度上能够促使人力（技术、管理和劳动力）、物力（商品与物质等）及财力（公共资金和私人资本等）的合理流向，也有助于市场经济体制的培育和中央统一政策的贯彻。中共十七大报告明确指出："要健全中央和地方财力和事权相匹配的体制，加快形成统一规范透明的财政转移支付制度，提高一般性转移支付规模和比例，加大公共服务领域投入。"政府间转移支付是我国宏观调控的重要工具，也是推进各地区间基本公共服务均等化的重要手段。

一、我国政府间转移支付制度的现状简介

1994 年分税制财政体制改革以前，我国政府间转移支付一方面是自上而下中央对地方政府的财政转移支付，另一方面是自下而上地方政府上缴中央的一部分收入，存在着双向并存的财政资金转移。当时中央财政收入占全国财政总收入的比重逐渐下降，对地方政府上缴中央的收入有很强的依赖性，更关键的是逐步削弱了中央政府对宏观经济的整体调控能力，使得各地间社会经济发展的差距逐渐拉大。实施分税制财政体制改革以后，中央政府直接组织的财政收入占全国财政总收入的比例大幅度提高，增强了中央政府宏观调控的能力，却导致了地方政府财力与事权的不匹配等问题。中央政府直接面对以下问题进行宏观调控和转移支付，如：中央政府与地方政府之间的事权与支出范围和财力的不匹配问题；协调各地区间社会经济发展不平衡，尤其是基本公共服务均等化问题；实现国家和政府特定目标的任务以及其他事物等。于是形成了以中央对地方政府的转移支付为主，其他多种形式并存的我国政府间转移支付制度。

（一）我国目前政府间转移支付体系内容简介

我国目前政府间转移支付主要是中央对地方政府的纵向转移支付形式，横向转移支付（如省际对口支援等）由于其运行机制尚未明确界定，至今还未纳入

① 财政净收益，即财政净资产（public finance-net assets），从量上衡量是财政资产减去财政负债的差额，由财政部门代表同级政府行使支配权，即属于财政核算主体所有的资产净值（财政总预算会计要素之一）。

转移支付体系。现行的纵向转移支付主要包括三个部分组成：原体制性转移支付(包括税收返还和原体制补助)、均衡财力性转移支付（包括一般性转移支付、调整工资转移支付、民族地区转移支付、农村税费改革转移支付、取消固定资产投资方向调节税转移支付、缓解县乡财政困难补助以及年终结算财力补助)、特定目标的专项转移支付（包括国债补助等)。

中央政府保留原体制性转移支付的目的主要是保持各地方政府的既得利益，减少分税制财政体制改革的阻力。改革起初体制性转移支付，如税收返还比例份额较大，但由于不利于实现均等化目标，与分税制改革的目的相左，随着改革的深入逐步缩小了此类转移支付的比例和规模。而无条件性质的一般性转移支付由于能够直接弥补地方政府的财政缺口，增强地方政府的财政供给能力，提高当地基本公共服务均等化水平，在理论上应当逐步提高它的比重和规模，在现实上，尽管目前还不尽人意，但经过十几年的财政运行机制的改革，正逐步得到认识和加强。表4－1为1995—2004年中央“税收返还”和“一般性转移支付”规模的变化情况。

表4－1　1995—2004年中央“税收返还”和“一般性转移支付”规模的变化情况

亿元

年份	税收返还额	一般性转移支付额	年份	税收返还额	一般性转移支付额
1995	1 867	21	2000	2 207	85
1996	1 949	35	2001	2 309	138
1997	2 012	50	2002	2 410	279
1998	2 083	61	2003	2 527	380
1999	2 121	75	2004	2 711	745

注：源于苏明著《财政现实问题研究》数据整理。

从绝对转移额而言，1995—2004年的十年间“税收返还”额远大于“一般性转移支付”额，但“一般性转移支付”的相对增长率变化明显超过“税收返还”率。十年间“一般性转移支付”的平均增长率约近300%，而“税收返还”的平均增长率仅为约4%，并且其规模和比例都在逐年下降。这说明一般性转移支付作为一种重要的调节手段正逐步得到加强，但总量规模依然有待于进一步提高。

中央财政对地方政府的特定目标的专项转移支付，是由中央财政根据特定目标和用途，增拨给地方财政部门的专项预算资金。如社会保障转移支付、特大自然灾害救济款以及退耕还林转移支付等。从变化趋势上看，分税制财政体制改革从起始到2005年的十一年间，我国专项转移支付规模由361亿元增长到3 517亿元。从各自的效应而言，一般性转移支付侧重于社会公平，服务于社会基本公共服务均等化，而专项转移支付更侧重于经济效率，其旨在促进地方的经济增长和实施中央政府的特定目标。

在我国目前的转移支付体系中，“一般性转移支出”和“专项转移支付”由于其特殊的作用和目的而具有重要的意义。但国家处于政治、社会与经济发展的需要，所采取相应的政策措施而实施的具有特定目标的财力性转移性支付也具有重要的意义，同时也是目前我国政府间转移支付体系中的主要组成部分。1999—2005 年，为配合国家积极财政政策的实施，对财政困难的地区实行的“调整工资转移支付”，连续四次调增事业、机关单位的职工工资和退休人员的养老金费；为配合西部大开发战略的实施，支持民族地区发展，根据相关《民族区域自治法》的规定，自 2000 年起新增了“民族地区转移支付”，主要目的用于边远少数民族的特殊困难；为从根本上减轻农民负担，鼓励生产粮食，在实施农村税费改革过程中，农村基层政府因取消了农业特产税及“三提五统”等而使得地方收入减少，中央政府为使农村税费改革顺利进行，实施了“农村税费改革转移支付”及“取消农业特产税降低农业税税率转移支付”；中央政府为了缓解县乡财政困难，自 2005 年起，实行了县乡财政“三奖一补”措施而实施的“缓解县乡财政困难补助”，等等。

（二）我国政府间转移支付阶段性改革成果及效应

我国财政体制的改革是与经济体制转轨过程相适应的，而政府间转移支付是随着财政体制改革不断调整的。随着我国社会经济的快速发展，政府间转移支付也在不断地完善之中，尤其是分税制财政体制改革以来，逐步形成了现行的较为清晰的转移支付框架体系：财力性转移支付、专项转移支付及原体制性转移支付。随着社会经济的发展和财政体制的逐步调整，原体制性转移支付的规模与比重正在明显缩小，专项转移支付更注重于结构性规模调整，而财力性转移支付，尤其是其中的无条件一般性转移支付由于其重要的作用和意义，正逐渐得到不断加强。特别是一般性转移支付的标准与方法的建立和实施，已经清楚地表明：在我国目前的政府间转移支付体系中，更加规范运行，以社会基本公共服务均等化为目标并且更加符合社会主义市场经济规律要求的因素正逐步得到不断的增强。经过十多年的财政体制的不断改革与完善，从结构层面上正逐步向合理化发展，具有均衡地方财政能力的财力性转移支付比重持续上升，由改革初期的 7% 增长到 2007 年的 33%，带有特定政策目标，体现一定程度市场效率的专项转移支付也由 15% 增长到 31%，而原体制性转移支付则由起初的 78% 下降到 36%；从总量层面上财政供给能力逐年增强，随着国家总体生产力水平的大幅提高，全国财政总收入与中央财政供给能力也随之大为增强，用于对地方政府的转移支付的规模和范围也在不断地增长。仅 1995—2005 年的十一年间，中央政府用于对地方的转移支付额就增长了约 4.5 倍之多，从 2 530 亿元增加到 11 483 亿元。随着我国政府间转移支付的总量与规模的不断提高和结构的优化，对我国社会经济的发展起到了显著的效应：一是中央政府把转移支付制度作为调节地区间社会经济发展差异的重要手段，客观上促进了各区域间相对均衡的发展。相关资料表明，我国政府间转移支付中的一般性转移支付、工资性转移支付、民族地区转移支付以及农村税费改革转移支付等财力性转移支付的绝大部分都用于中西部及落后的少数民族地区。中央政府的政策取向非常明显：避免地区间社会经济发展的差异拉大，以促进区域间相对均衡发展；二是由于财力性转移支付比重的提高，弥补了地方政府的财力缺口，缓解了地方上的财政困难，切实增强了地方政府基本公共服务的供给能力；三是有效地支持了我国部分重点项目的建设和一些国家重大经济政策改革的顺利实施。我国多年来经济与社会改革所取得的成就，都离不开财政政策的配合与支持。如我国工资制度改革、社会保障制度改革以及农村税费改革等顺利实施，都需要中央转移支付的大力支持，同时由于专项转移支付的特定目标，也为我国部分重点项目的建设提供了资金保证。

二、转移支付制度存在的主要问题及其原因分析

（一）我国政府间转移制度存在的主要问题概述

自“分税制”财政体制改革实行以来，我国政府间转移支付制度的实施取得了显著成效，并正在逐步走向完善。但依然存在着诸多问题。主要从两个视角来分析其所存在的问题：一方面是转移支付制度所产生的社会公平与效率性效应。如何有效解决“效率”与“公平”的矛盾是任何社会与经济发展中都必须面对的问题，而我国政府间转移支付制度在实施过程中所存在的社会公平性问题日益凸显。地区间、城乡间差距逐步扩大，使多年来社会与经济改革的成果不能有效惠及更多的人，从长期来看，不可避免会影响到政治与社会的稳定和经济的协调发展。二是转移支付制度运行过程中自身所存的问题，如资金的运作管理制度不规范，监督机制不完善；专项转移支付目标不明确、运行机制不健全而使得公共资金使用效率低下；转移支付体系自身结构性问题，等等。

1. 我国政府间转移支付制度实施过程中的公平性缺陷与效率性损失

从公平性而言，它直接关系到全社会的共同发展与稳定，也是古今中外人类文明社会共同追求的主题，更是我国现阶段构建和谐社会的关键所在。我国现行的中央转移支付制度实施过程中的公平性缺陷主要表现在：

第一，省际横向不均衡。由于客观上的历史形成、自然条件、区域地理因素以及不同省份、地区自身的资源禀赋等存在着差异，各区域间社会经济发展和财力水平不可避免地存在着差距。分税制改革以来，我国很多相对落后省份、地区一直受到中央政府财力的大力援助，但从多年的发展趋势看一直不容乐观。表4－2选取至分税制改革以来的1995—2005年的其中六年，上海与广东两省（市）和中西部相对落后省份之间的人均财力及其变异系数指标差距的变化趋势，可以看出：随着社会经济的不断发展，省际横向不均衡的差距正逐步扩大。

表 4－2　上海和广东与相对落后省份间的人均财力及其变异系数

年　份		2005	2003	2001	1999	1997	1995
人均财力/（元·人$^{-1}$）	湖南	574.15	403.19	311.42	254.9	210	165.6
	江西	586.61	395.32	315.29	248.5	209	148.4
	云南	702.41	523.31	446.19	411.9	358.8	234.6
	贵州	464.02	321.85	262.57	200.2	150.6	104.6
	上海	8 064.68	5 179.59	3 776.16	2 849.1	2 255.5	1 489.6
	广东	1 964.33	1 653.9	1 491.09	1 053.90	748.2	525.9
变异系数		1.33	1.24	1.16	1.13	1.13	1.07

注：资料来源于历年《中国统计年鉴》及各省份统计公报。其中变异系数＝标准差/算术平均值；人均财力收入按2000 年各省份人口计算所得。

第二，各省份、地区内部间的横向与纵向的不均衡。各省份、地区横向财力公平性主要促使各区域间基本公共服务均等化，以保证协调均衡发展。但从我国目前实施的省以下转移支付运行效果看，不仅缩小地区间财力差距的目标没有达到，反而使得各地区间的公共服务供给能力的差距进一步拉大；同时省、市、县纵向财力差距过大的现状，也没有从根本上得到缓解。

从效率性而言，主要表现在转移支付资金的管理水平和监督机制上，尤其是中央转移支付各地的专项资金的预算和使用方面，缺乏科学化、规范化和制度化的管理运行机制。中央的专项资金都有其特定的政策目标，如：地区的生态保护、地方民生的扶贫以及发展地方教育事业等公共服务。但在具体的实施过程中存在着诸多问题，而使得专项资金实现政策目标的效果大打折扣。主要问题有：资金管理不科学，拨付不及时、不到位，且专项项目后续管理与监督工作缺失，使得大量资金损失浪费；专款资金在基层分配使用过程中零星分散，根本起不到财政资金规模使用效率。如某省 2006 年 10 万元以下的专款项目 2 609 个，专款总额 9 017 万元，平均每个项目 3.45 万元；由于信息不对称，使得部分专款偏离政策目标，无法达到特定效用。

2. 我国政府间转移支付自身运作问题

我国目前中央转移支付自身运作尚不完善。①转移支付的运行机制、资金运作有待进一步规范。首先项目的申报不规范，各地方经常出现多头申报和重复申报，其目的在于争取资金而不是为了完成目标项目，同时由于我国目前五级政府下，财政资金管理链条过长，申报耗时过多；其次专项资金设置不科学，存在着交叉重复现象，并且款项的分配也不合理，其分配模式缺乏一定的“公开性”与“透明性”，使得很多款项未能考虑地区间的实际情况，与地方的实际运用状况相脱节；再次部分地区管理与监督机制运行效率低下，某些地区依然存在挪用挤占专项资金的现象；最后预算编报与执行情况不完整（尤其是专项资金），在很多省、市、县大量存在，使得专项转移支付资金游离于地方人大的有效监督。②我国现行转移支付在自身的结构方面也存在着历史遗留问题。首先我国现行的转移支付制度很大程度上保留并维持了地方既得利益的体制性转移支付，客观上扩大了区域间的差距，实际上与地区财政均等化的目标相左。随着我国财政体制的改革，此部分比例正逐步缩小；其次财力性转移支付比例偏小，尤其是其中具有调节财政均等化作用的一般性转移支付的占比和规模偏小，而具有补贴性质的财力性补助却较大，这也实际上减弱了地方政府的财政供给公共服务的支配能力；在整个中央转移支付中，带有特定政策目标的专项转移支付种类多、规模大，占比偏大，几乎涵盖了所有支出项目。我国目前专项资金缺乏严格的运行程序和科学的支出依据存在着较大的随意性，容易滋生各种腐败现象，限制了公共财政资金的使用效率。

（二）我国政府间转移制度存在问题的主要原因简析

我国目前政府间转移支付制度实施过程中存在问题的原因，主要是宏观上制度设计尚不健全、微观上管理监督机制不完善。从制度上看，主要表现在：①我国目前中央政府转移支付资金，所实施的依据缺乏严格的法律规定，立法工作滞后，主要还是行政性的指令，缺乏权威性和透明度。我国至今还没有一部与转移支付制度实施相关的权威性的法律法规。②中央转移支付资金的结构尚有待于完善，具有财政均衡效应的一般性转移支付占比偏小，而不利于财政均等化作用的“税收返还”和“专项补助”资金尽管正逐步缩小比重，但目前仍然占比较大。③由于长期以来，“地方政府”与“中央政府”事权的划分不明确，使得地方与中央政府之间“财权与事权”不统一，各自的支出责任界定模糊。使得中央专项转移资金执行项目过多，该补助资金很多成为地方政府为弥补财力缺口的途径而不是实现中央的政策目标。助长了地方政府为“争取到中央资金”的“跑部钱进”，严重削弱了财政资金的运行效应。

从管理监督机制上看，主要表现在专项转移资金的运行与管理程序有待继续改进。①由于多数专项资金目标不明确，没有可操作性和技术性的评估机制与效益标准，也缺少强制性的监督约束机制，地方政府能争取就争取，高度“重视”前期的申报立项工作，而项目的后续工作缺乏严格的管理和监督，大量的专项资金根本没有实现“专项”的政策目标。②很多中央实施的专项转移资金在具体执行过程中变动较大，在预算编制与分配中也不透明，甚至没有明确的界定，使得地方财政部门很难将其纳入年初预算，因此地方人大也难以有效行使监督权。③我国目前实行的是五级政府（中央、省、市、县、乡镇），管理链条过长，容易发生信息扭曲，管理监督成本过高的问题。因此，中央为确保专款专用，往往直接确定具体项目的实施，使得本属于地方政府熟悉的事务，却由信息模糊的中央直接管理，客观上淡化了地方各级政府合理使用资金的权利以及应负有的支出责任。

此外，从我国目前现行体制运行上看，依然存在着尚待于进一步改进和完善的若干问题。首先，各层级政府间事权的划分不够明确，使得地方与中央的财政支出责任出现交叉错位与缺位的现象，中央与地方的财权与事权的构成结构严重不匹配。据有关部门2007年的调查显示，地方与中央财政预算收入比为45：55，而预算支出比却为70：30。某些地方政府由于受到财政支出能力的限制，使得一些基本公共服务（甚至是带有全国性的公共服务）的供给都无法得到保障。如在2007年全国义务教育的供给中，中央财政仅承担2%，而地方财政却要承担78%左右，其余的20%中，省级财政约11%，县级财政承担约9%。另外，再加上我国目前省以下财政体制改革中也存在诸多问题，政府的管理层次过多，各税源的差异也较大，基层政府无法获得稳定的收入。分税制改革虽然将很多税种留给了省以下地方政府收入，但这些税种往往税源少，税基小，且税收征收成本高，无法满足各地方政府提供公共服务供给的需要。其次，1995年因分税制改革而建立起来的政府间财政转移支付制度，经过二十来年的制度运行，也积累了丰富的经验，在调节区域间财政能力、缩小各地方差异、增强国家宏观财政调控能力以及促进各地区间社会经济的协调发展等方面起到了显著作用。但至今依然缺乏健全的法律法规的约束。其制度运行过程中的权威性、严肃性和统一性不可避免地受到影响。因此，真正达到透明性、规范化和科学化尚存一定距离。很多地方政府预算透明度不高，预算编制模糊，尤其是预算资金在使用方向上含糊不清，对预算支出也缺乏必要的绩效评价。政府间转移支付实施过程中的具体要求和标准没有科学的界定，各地应该得到多少中央转移支付缺乏明确的核算办法。同时，监督与管理体制也不健全，往往使得政府间转移支付具体实施过程中带有很强的主观随意性，等等。

面对这样的一些问题应当如何解决呢？当前一个比较好的办法是继续完善财政转移支付制度，加大对不发达地方的财政转移支付的力度。但转移支付自身的弱点也是明显的。因此目前可以借鉴国外成功的经验，考虑横向财政转移支付作为纵向转移支付的补充，它有时可以起到纵向转移支付所不能起到的作用，促进地区间的公共服务均等化和区域经济的协调稳定发展，有效地减轻纵向转移支付的压力，在转移支付力不能支的情形下，借助其他形式的支援就显得很有必要了，而现行体制下的对口支援就是可行的补充形式之一。

第二节　对口支援前的财政收支状况

——以四川地震灾区的对口支援为例进行分析

我国目前解决地区间横向财政失衡主要是“纵向为主，横向为辅”。刘铁以汶川地震灾后恢复重建实证分析的研究表明：对口支援政策实施的基本原则、支援方的确定、结对关系的定位、对口支援的内容以及援助额等均符合财政均衡理论。那么对口支援作为横向转移支付的一种特殊形式，对于纵向转移支付实施，究竟起到了怎样的作用？为此，下面以四川地震灾区为例，选取了四川地震灾区对口支援前的 18 个县市 2006 年一般财政预算收入、支出资金情况及各地区的人均 GDP，推算出各地区财政自给率、人均 GDP 及各地的财政缺口，以此为基础将二者进行了对比。具体见表 4 - 3。

表 4 - 3　18 个县市 2006 年一般财政预算收入和支出、财政自给率及人均 GDP

城市名	一般财政预算收入/万元	一般财政预算支出/万元	财政自给率	人均 GDP/元
北川县	5 038	26 735	0. 188 442 117	7 046
汶川县	11 211	27 178	0. 412 502 76	22 607
青川县	1 696	38 753	0. 043 764 354	4 607
绵竹市	49 323	77 067	0. 640 001 557	23 680
什邡市	36 671	63 226	0. 579 998 735	24 935
都江堰市	53 517	84 943	0. 630 034 258	15 159
平武县	6 175	29 648	0. 208 277 118	7 757
安县	9 199	39 889	0. 230 614 957	8 180
江油市	31 211	74 425	0. 419 361 774	13 871
彭州市	24 702	65 223	0. 378 731 429	11 697
茂县	3 005	25 528	0. 117 713 883	11 195
理县	2 099	14 740	0. 142 401 628	7 383
黑水县	1 849	20 541	0. 090 015 092	6 553
松潘县	4 370	27 073	0. 161 415 432	10 195
小金县	1 268	20 068	0. 063 185 17	4 814
汉源县	3 540	33 166	0. 106 735 814	5 583
崇州市	17 209	55 552	0. 309 781 826	10 224
剑阁县	3 363	52 222	0. 064 398 146	4 325

注：资料来源于 2007 年《四川省统计年鉴》。

由表 4 - 3 可以看出，18 个县市的一般预算收入的财政自给率是很低的，同时我们从表 4 - 3 中可以看到 2006 年的 18 个县市的财政缺口（表 4 - 4）。

表 4 - 4　2006 年的 18 个县市的财政缺口　　万元

城市名	北川县	汶川县	青川县	绵竹市	什邡市	都江堰市	平武县	安县	江油市
缺口	21 697	15 967	37 057	27 744	26 555	31 426	23 473	30 690	43 214

续表

城市名	彭州市	茂县	理县	黑水县	松潘县	小金县	汉源县	崇州市	剑阁县
缺口	40 521	22 523	12 641	18 692	22 703	18 800	29 626	38 343	48 859

在此对财政自给比例与人均 GDP 作了一个回归分析，回归方程及散点图如图 4－1 所示。

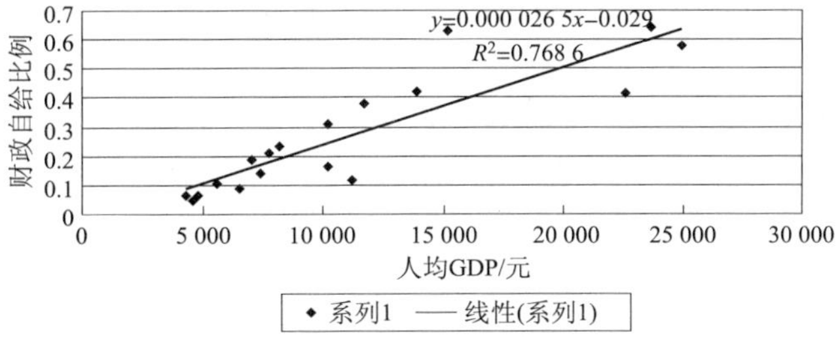

图 4－1　回归方程及散点图

由回归方程可知，显著度相当的明显，可知地方财政缺口跟当期的人均 GDP 存在着比较明显的回归关系。以上 18 个县市，地方每年的财政支出大约都在 2 亿～6 亿元，财政支出在城市与城市之间的差距不是很大，但地方的年度财政收入却有着很大的差异。为此计算了它们之间均值、标准偏差和变异系数如表 4－5所示。

表 4－5　财政收入和财政支出的均值、标准偏差及变异系数

名称	均值	标准偏差	变异系数
财政收入	14 747	17 056. 34	1. 156 597
财政支出	43 109. 83	22 040. 17	0. 511 256

计算结果表明，财政收入的波动幅度很大，变异系数达到了 1. 16；而财政支出则有明显的刚性，变异系数仅为 0. 51。一般而言，18 个样本城市的人口差距都不是很大，所以概括地来看，我们可以知道地方财政预算支出因地方公共服务的客观需求而具有一定的刚性。

从以上概括地来看，我们可以知道 18 个样本城市的地方财政支出具有一定刚性，而财政收入却受当地的人均 GDP 或者说是当期的 GDP 影响非常显著。18 个县市的财政缺口是很容易解释的，各地区经济本来就不发达，人均 GDP 很低，所以相应的财政收入比较少。由于各地区经济发展受自然条件、经济结构、社会历史人文因素的制约比较大，所以短期内通过地方 GDP 的发展来解决地方的财政问题这几乎是不大可能的事情。1994 年我国实行分税体制改革以来，地方政府的财权上移，而地方政府的事权却没有因此而减少。地方的公共服务支出并不因地方的财政收入紧缺而减少，地区之间公共服务均等化的要求迫使各地方政府的年度预算支出存在的支出刚性，出现缺口也就是意料之中的事情了。但政府解决财政缺口的方式却不能简单地采用压缩开支的方式，因为随着社会的发展，各地对公共服务均等化的要求越来越高，我们要建设一个公平正义的社会，通过压缩财政支出显然是不现实的。我国当前解决地区间财政支出缺口的方式主要是借助转移支付，转移支付收入包括税收返还、财政性转移支付收入、专项转移支付收入、政府性基金转移收入等。中央政府集中了财权但承揽的事权却不多，有财力也有必要进行转移支付，通过转移支付中央在财政支出的过程中能够统筹各地区差异，对西部地区财政缺口比较大的省市进行财政补贴，以弥补当地的财政缺口。这种方式能够有效地统筹地区间的发展差异，防止“诸侯经济”和地方保护主义，有力地发挥中央宏观调控的作用，为有效地实现公共服务均等化开创制度性条件。

一般预算收入分设类、款、项、目 4 类，类级科目分为税收收入、社会保险基金收入、非税收入、贷款转贷回收本金收入、债务收入、转移性收入。也就是说省对地方的转移支付是纳入到预算内收入的；但即便是借助转移支付，省对地方的支持也是有限的，我们从上文中可以看到一般预算收入跟预算支出的差距是很大的，像青川这样的城市，其预算内财政的自给率仅仅只有 4% 左右。地方政府解决财政缺口的方式也许可以依靠预算外收入，但预算外收入再大，也不可能占到地方财政总收入的 96% 左右。其他的城市基本情况也是差不多的，只有绵竹略好一点，但其预算内财政自给率也只达到 64%，地方政府如何来筹集财政支出资金呢？税种跟税率是法定的，即便是提高征收税率也无济于事；其次就是提高非税收入，乱收费进行摊派等手段，由于中央乃至各地方政府的严格管制，已失去可行性；或者是推高土地价格，依靠土地的出让收入，但这些虽说在短期内能够缓解部分资金的缺口，但从长期和现实的角度上看对缺口的解决根本不现实。在当前中国现行的财政体制下，地方政府是不允许发债的，即便是发债，凭借西部地区地方政府的收入水平，也无法承担起债务和利息；但公共服务均等化的要求又相应地要求地方政府承担起相应地财政支出费用。基本公共服务均等化已经成为我国当前重要的公共政策目标，2007 年党的十七大提出：“缩小区域差距，必须注重实现基本公共服务均等化。”可见试图削减地方公共财政支出资金根本就不可能。

我国的现行转移支付制度，并不完全是为了解决基层的财政支出困境问题而设计的。转移支付体系中的税收返还，是在保证既得利益的基础上进行的，主要目的是为了减少地方上的阻力，便于 1994 年分税体制的推进。1994 年税收返还约占据了中央补助地方支出的 80%，税额越多的地方得到的返还额就越多，根本就起不到平衡地区财政差异的作用。2008 年情况稍有好转，但税收返还依然占据了中央补助地方支出的 22%，而同期的一般性转移支付，只占中央补助地方支出的10%，一般性转移支付是转移支付体系中最有助于解决地区财政差距，实现财政均等化的转移支付。

由此可见，我国目前政府间转移支付制度在具体的实施过程中所存在的问题也是客观的：首先，转移支付由中央财政加以统筹，覆盖面广，中央的财政收入受现有的税收体制的限制，其财政收入不能因地制宜、统筹兼顾，不可能面面俱到，同时在支出上又要统筹地区差异，尤其是出于政治原因需要加大对少数民族地区的倾斜，虽说中央每年用于财政转移支付的资金约占全国财政支出的30%、中央财政支出的50%，但转移支付额依然难以有效弥合地方财政的缺口；其次，是转移支付的结构不合理，制度不规范，均等化程度低，我国地区性差距较大，各地提供同样公共服务的支出成本各异，对各省所需财政支出数额缺乏一个比较明确的定额标准，对各个地区的转移支付额也缺乏系统科学的评估，尤其是我国省以下转移支付改革不到位，转移支付的资金不足量或过量的情形随处可以发生；再次，中央对地方的存在着信息的不对称，由于纵向的转移支付层级多，转移支付资金层层下放，权威性的监督和管理机构运行机制尚不完善，难免会出现截留挪用等情况，直接影响到资金的使用效率。1999年后开始部门预算改革，强调要建立国库统一支付体系，随后部分省市实施了“省直管县”“乡财县管”等措施，此类情况虽有好转，但依然严重，越是贫困的地区其财政体制改革越是滞后，监督部门也越是缺位；最后，政府的行政管理体制问题也很严重，事权划分不清，事权与财权的关系也划分不清，对一些地区的专项拨款，往往没有清晰合理的制度性评审标准，经常受到人为因素的影响，“跑部钱进”现象时有发生，随意性很大。安国富、任强根据1995—2004年十年的各地人均财政收入与支出的变异系数的数据表明：转移支付制度的实施反而使得地区间的财政支出能力呈现扩大的趋势，那么面对这样的困境应当如何解决呢？无疑必须进一步完善转移支付制度，加大中央财政对地方政府的一般转移支付力度毫无疑问是未来政府解决公共服务均等化的重要举措之一。同时可以依据本国的具体国情，借鉴别国成功的经验，合理运用横向财政转移支付作为纵向转移支付的补充，以调节地区间财政分配关系，也是世界各国成熟的分税制运行的财政体制的重要特征之一。它可以起到纵向转移支付所不能起到的作用，促进地区间的公共服务均等化和区域经济的协调稳定发展，有效地减轻纵向转移支付的压力，而我国特有的对口支援正是横向转移支付的最重要的形式之一。

第三节　对口支援后的财政收支及社会经济增长状况

以四川灾区为例。在现行体制下，完全依靠中央的转移支付来弥合西部地区的财政缺口很显然是不现实的，我们从上文中18个县市的财政缺口能够看出，在平常的年份里，四川受灾各县市财政支出与收入所形成的财政缺口依然很大，受到突发事件影响后就会更大了。在转移支付力不能支援的情形下，借助其他形式的支援就显得很有必要了，而现行体制下的对口支援就是可行的补充形式之一。

依据对口支援的基本原则①，在实施过程中不仅要考虑援助方的能力，同时对受援方的援助也要与受援地区自身的经济社会发展水平相适应，依据受援方的财政收入与支出的相对能力对口援助。

为此，本文整理了四川灾区 18 个样本县市对口援助的相关资料和数据，从实证的角度分析短期内对口支援政策实施的资金转移效应，如表 4－6 所示。

表 4－6　各省市支援方、各受援地区及对口支援政策实施的援助额　亿元

支援方	援助额	2007 年援助方财政收入 1%	受援方	支援方	援助额	2007 年援助方财政收入 1%	受援方
广东	41.62*	278.58	汶川县	福建	33.18*	69.95	彭州市
浙江	34.99*	164.95	青川县	江西	10**	59.79	小金县
河北	10.63*	78.92	平武县	吉林	12.9*	32.07	黑水县
湖南	16.56***	60.66	理县	黑龙江	31**	44.05	剑阁县
安徽	18.89*	54.37	松潘县	山西	21**	59.79	茂县
重庆	5.56?	44.27	崇州市	辽宁	26**	108.27	安县
河南	16**	86.21	江油市	湖北	15**	59.04	汉源县
山东	12.59*	167.54	北川县	深圳	15.95***	6.58	甘肃灾区
江苏	43.63*	223.77	绵竹市	北京	53.06*	142.26	什邡市
天津	10**	51.21	陕西灾区	上海	61.98*	207.45	都江堰市

注：1. 财政收入的 1% 源于 2008 年《中国统计年鉴》；对口援助额来自于对口支援相关资料及各网站收集整理（供参考）。

2. 因为各个地区统计援助资料的口径有出入，此处以 2008 年年底各省市对口援助的“计划投资额*”“跟踪审计数据**”“实际拨付款***”作为统计依据。

3. 各地援助额与财政收入的 1% 有些差距，可能是实施的时间差或者其他原因形成的，短期内我们以收集的援助额为依据。

4. 为研究的方便，此处的援助额尚未包括其他渠道援助的资金。

从表 4－6 中我们可以看出，短期内各地区间对口援助总额存在着一定的差异，可能在于一方面受各援助方本身经济实力水平参差不齐的限制；另一方面也考虑到各地区受灾的具体严重程度以及各地区的人口、受灾面积和社会经济发展

① 国务院《汶川地震灾后恢复重建对口支援方案》确定：相关省市、地区对受援地区的对口援助，原则上对口支援额不得低于其上一年度的财政收入的 1%，且对口支援期限按 3 年安排。

基础等多方面因素的影响，如2007年青川县财政预算收入仅为1 696万元。但从总体规模上看，基本稳定在2007年与2006年受灾前两年财政收入总额的十几倍，财政预算支出总额的2.2~3.5倍，如表4－7所示。

表4－7 2008年对口支援总数额与各地区2006年和2007年地方财政预算支出总额比

地区	总额比	地区	总额比	地区	总额比	地区	总额比
汶川县	6.88	什邡市	3.54	茂县	3.65	平武县	1.53
剑阁县	2.45	理县	4.92	绵竹市	2.59	彭州市	3.42
安县	2.81	甘肃灾区	—	汉源县	2.10	松潘县	3.34
陕西灾区	—	北川县	1.98	青川县	4.12	小金县	2.25
江油市	0.87	都江堰市	3.05	黑水县	2.87	崇州市	0.6

注：依据2007年与2008年《四川省统计年鉴》计算得出。

从连续3年相对中长期的对口援助实施效应分析，我们把受援地区的3年财政平均受援资金、人口（人均受援额）及与受援地区基年（2007年）的财政支出倍比考虑其中，如表4－8所示。

表4－8 各受援地区的（人均）受援财政资金及与受援地区基年的支出倍比

支援方	3年财政援助额/亿元	受援方	人均受援额/元	与基年的支出倍比	支援方	3年财政援助额/亿元	受援方	人均受援额/元	与基年的支出倍比
广东	81.12	汶川县	77 257	24.4	福建	26.67	彭州市	3 355	3.3
浙江	62.89	青川县	25 357	13.6	江西	14.87	小金县	18 578	6.1
河北	30.09	平武县	16 089	7.6	吉林	12.23	黑水县	20 721	5
湖南	23.13	理县	51 385	12.2	黑龙江	16.8	剑阁县	2 490	2.3
安徽	20.73	松潘县	28 788	7	山西	22.80	茂县	20 912	7.1
重庆	16.88	崇州市	2 539	1.9	辽宁	41.28	安县	8 094	7.8
河南	32.87	江油市	3 740	3	湖北	22.51	汉源县	7 011	5.9
山东	63.88	北川县	39 921	17.4	深圳	—	甘肃灾区	—	—
江苏	85.31	绵竹市	16 630	9.4	北京	56.91	什邡市	13 203	6.6
天津	—	陕西灾区	—	—	上海	79.09	都江堰市	12 985	6.7

注：1. 资料来源于《中国统计年鉴》《四川省统计年鉴》。基年财政支出均为2007年地方一般财政预算。

2. “3年财政援助额”为各援助省市的基年（2007年）财政预算收支为基准，之后两年每年大约递增8%为依据，再总和平均求得（为了从不同视角入手，此表与表4－7的统计方法不同）。

3. 本表中“人均援助额”中的人口数量以基年（2007年）为基础。

从表4-8我们可以得到，连续3年的中长期内[①]，对口援助各地区之间的财力存在着较大的差距，支出的总额中最高的广东省（援助汶川地区81.12亿元）是最低的吉林省（援助黑水县12.23亿元）的6.63倍；人均受援额中最高的汶川地区（人均77 257元）是最低的彭州县[②]（人均3 355元）的23倍多；与基年（2007年）的支出倍比也存在较大的波动性。因此我们可以看出，我国目前对口援助政策实施过程中，在短期与较长期内都存在较大改进的空间，其运作机制中依然存在着很多亟待完善的地方。但不可否认的是对口支援政策的实施对减轻18个县市的财政缺口的负担起到了较好的效果：不仅保证了各受灾地区的财政支出水平，而且基本维持了各受灾地区间的财力均衡能力与地方基本公共服务的供给能力。

从以上公共援助资金方面的效应分析可以看出，对口支援政策的实施是各援助省市直接有针对性地对基层政府的直面援助，短期内切实提升了基层政府提供公共服务的能力，促进了地区间的财政均衡效应，这是对目前省以下转移支付制度所存在的缺陷中最有效的补充。同时，对口支援政策实施的方式也在很大程度上避免了转移支付制度运行中管理链条过长（五级政府财政）、传导信息扭曲以及监管成本过高等问题；更重要的作用在于对口援助的公共财政资金（财权）直接与各地方的社会公共需求（事权）对接，通过援助方与受援方的共同协调、管理与监督，明确了各自承担的责任与义务，从根本上缓解了转移支付制度中层级政府间事权与财权不匹配等方面的问题，提高了公共援助资金的透明度与使用效率。

另外，由于在对口支援政策的实施过程中，不仅是资金方面的援助，同时还有人员交流（干部、教师、医护人员以及各类专业技术人员的培训与输入等）、援助物资（民生保障必需的物资用品、公共基础设施建设和固定资产的援助与投入等）以及来自各地区通过市场化机制建立的各类经济发展园区和援助双方的长期合作项目及所形成的先进管理和文化理念的深层次影响等，不可避免在客观上增强了受援地区的社会经济的发展能力。前文我们通过对各地区对口支援政策实施的相关经济指标不同时间的变化效应（如GDP及人均GDP的绝对值和相对值及其他相关经济指标的变化效应），即时间效应（短期效应和长期效应等方面）的实证检验已表明：对口支援政策的实施与地方经济增长之间存在明显的相关性，并且对口支援对地方经济增长的影响存在滞后效应。说明短期内大量的公共投资与私人投资以及财政、金融等优惠政策极大地刺激了地方的经济发展能力；同时从长期来看，对口援助的投资效应结合政府财政购买与消费需求等方面的拉动作用，带动了地方的经济增长，社会经济为长期的进一步发展奠定了基础。

---

① 中央实施的对口援助政策计划是连续3年，为此暂不考虑3年后政府的后续工作以及市场运作产生的社会和经济效应等。

② 彭州县，今彭州市。

综上所述，通过四川灾区的对口支援的实例分析，我们可以清楚地看出，我国省际对口支援政策实施在实践运行中所发挥的作用和意义是极其显著的。无论是在短期内地区间财政均衡，还是在长期条件下促进地区间经济增长都起到了显著的效应；同时在很多方面客观上弥补了我国转移支付制度运行中的一些问题。但不可否认的是，其政策自身实施过程中依然存在着诸多问题与不完善的地方。在短期内的效果明显，但同时缺乏对口支援政策的实施与层次政府间转移支付制度运行之间的长期规划整合；援助双方互利共赢长期合作的市场基础和运作机制尚未成熟，持续的无偿援助也会影响支援方的发展后劲，使得各支援方缺乏持续援助的内在驱动力。因此，需要不断努力完善我国省际对口支援政策实施的运行机制，使对口支援，这一在我国特有的历史条件下均衡地区间社会经济发展形成的政策方案，能够在更加健全的制度机制和先进的文化理念中发扬光大。

第五章

结论与政策建言

具有中国特色的对口支援政策实施有效地弥合了地方的财政缺口，减轻了政府的财政压力，保证了受援地区的财政支出能力，也基本维持了各地间的财力均衡，保障和改善了民生，促进了基本公共服务均等化，为社会经济发展奠定了基础。同时由于对口支援政策的实施，保证了地方财政能力，增加了公共投资的力度以及财政、金融等优惠政策的效应，吸引了大量的私人资本的投入，短期内有效地刺激了当地的消费需求和就业增长，从长期效应来看，对经济的增长效应是可实现的，也客观上弥补了我国转移支付制度运行中的一些不足。但我们也应该看到，对口支援政策在实施过程中，依然存在着诸多需要不断完善的地方，目前对口援助的地区之间的财力具有较大的波动性，总额的支出结构中，短期内过多偏重于基础建设投入，而对其他基本公共服务的投入力度不足。依然需要一个科学系统的方法并改善对口支援的支出结构，并制订长期稳定的实施计划以确保对公共服务的投入。在短期内对经济的促进作用较为显著，但从长期看，仍然存在许多不确定因素。

此外，还需要说明的是，由于我国东部跟西部地区的经济差距受地理跟自然禀赋的影响较大，而一个省内部，尤其是西部地区，城市之间的差距并不是很大，所以我们这里的对口支援是指我们国家开创的一种特殊的经济支援方式，经济发达且财政富余的省市通过结对的形式对西部地区的贫穷落后地区或灾区进行的一种支援。实证检验证明这种制度有一定的优势，第一，可以有效地发挥经济发达地区的人才体制优势，将先进的生产方式、管理体制和管理观念带到落后地区去，借助自身良好的优势，发达地区能够迅速地将援助计划投入到实践运作中去，时间短且见效快；第二，能够有效地避免信息不对称情形出现，防止援助资金的截留或挪用，通过直接援助的方式，援助方能够时刻保持对被援助方的监督，保证援助资金的投入方向；第三，对口支援能够加强双方的交流合作和了解，各自发挥比较优势，便于产业结构的阶梯转移和物资的互通有无，促进区域经济的协调稳定的发展。最后，更重要的是对口支援能够弥合西部地区贫困县市的财政缺口问题，能够有效地对转移支付的不足之处进行补充，尤其是针对我国目前的省级以下财政转移支付制度存在着的缺陷起到有效的弥补效应，从而为公共服务的均等化提供必要的财力和物资支持。值得注意的是，对口支援这种形式输入的不仅仅是资金，还有人力资源、管理体制和组织协调的理念等，这个对仅仅以财政形式的支援的转移支付是一个有力的补充。因而针对我国对口支援政策实施现状，如何更有效地提高对口支援政策对地方社会、经济发展的积极作用，提出以下政策建议。

一、规范转移支付制度与对口支援政策实施机制，努力形成积极的财政互补效应

协调好对口支援和转移支付的关系，清晰地界定双方各自扮演的角色，划清双方的实施界限和服务对象、范围等。要注意充分发挥双方的长处，协调好双方在公共服务和经济发展过程中各应承担的任务，做到协力共进，形成合力。在具体的实施过程中，转移支付对地区间的财力平衡，有一套相对科学的运行方法，但一般情况下仅仅是资金方面的转移。而对口支援除了资金的援助以外，还有物资、人员和技术等多方面的有针对性的援助，所涉及的领域也非常广泛，能够在短时间内提高和改善人民生活水平和公共服务水平，但由于支援方的财力水平参差不齐，因而不可避免影响着各受援地区的财力均衡。因此应努力将转移支付的财政平衡的运行方法与对口支援的实施计划相结合，扬长避短，形成积极的财政互补效应。

二、提高对口支援实施的统筹层次，有效促进对口支援的科学化与制度化

当前应尽快成立对口援助的协调机构，由国务院统筹管理，成员由支援省市与受援地区组成，以加强在具体政策和措施的实施过程中的统筹与协调，明确中央、各地方与对口援助整体资金的统一管理。当前的对口支援非正式化、非制度化，往往受命于中央的临时安排，缺乏有效的监督管理机制，也缺乏长效运行机制。对口支援在运作过程中，如何确保受援方对支援方的持续投入，如何确保支援方在支援方内部所作安排的科学合理性，如何确保投入资金的使用合法合规性等都是当前对口支援面临的难题。要把对口支援提高到制度统筹层面上来，同时省级政府应当安排专家进入到运作过程中去，全程进行监督，同时注意要将具体的运作过程规范化，必要时可借助法规或者是部门规章加以规范。逐步推进对口支援政策实施的“科学化”和“制度化”过程。

“科学化”的内涵主要表现在通过高层整体统筹规划，加强整体预算资金和各种援助资源的协调性，并细化援助标准，以尽可能弱化援助省市各自为政的现象，在此基础上逐步建立起规范的监督管理体系等；“制度化”的形成则能够促使政策实施的“短期刺激目标”与“长期规划”相协调，以确保可持续发展的需要。

对口支援作为一项重要的举措，应当被纳入国民经济和社会发展计划以及部门计划和地方计划体系中，使之形成完整的体系，并有明确的制度保障才能发挥出长效作用。通过计划体系明确对口支援的目标、方向、主要任务以及实施措施，在制度安排中要求有关部门、地方政府在支援资金、物资以及人员等方面制订一个合理可行的具体援助计划，明确计划实施的责任，以克服对口支援实施中的随意性；建立稳定的资金与物资筹集管理制度以及资金使用过程中的审计监督机制，将政府财政和社会募集资金和物资统筹安排，提高对口支援资金的使用效率；在人员和干部支援上，应形成系统的人才选拔制度，可具体规定人才选拔的条件、程序、待遇保障等，确保对口支援人员和干部的素质。同时，完善政府的引导和激励机制，在支援方和受援方之间加强统一的组织和协调，建立相应的工作协调制度，形成运转有序的工作机制。

三、有效协调对口支援与中央、地方预算支出合理匹配，积极推进地区间财政均等化

对口支援的政策实施客观上增强了地方财政能力，提高了基本公共服务的水平。由于我国目前对口援助政策实施机制尚未完善，经济援助资金与整体资金安排的衔接不明确，始终无法明确援助资金与中央、地方整体财政安排的关系，同时受到援助方财政能力波动和主观思路差异的限制，对口支援资金的规模往往无法预算。在具体的实施过程中支援方更多地从自身的能力与需要进行援建工作，与当地的财政支出结构相互脱节，使得公共财政资金的运用无法发挥出最大效用，达到促进地区间财政均等化的目的。应当将对口援助的资金与中央、地方预算财政支出结构有效结合，将财力资金发挥出最大作用，把财政资金用在刀刃上，不仅满足当前的民生需求，提高人民的生活福利水平，同时也要立足长远，增强内生的发展潜力，夯实社会经济发展基础，积极推进地区间公共财政均等化。

四、注重对口支援的经济发展持续效应，有力确保支援的长期性与稳定性

我国目前的对口支援是国家赋予经济发达地区的任务，主要以行政命令为主，并不代表本地区居民和企业的利益，所以积极性不高。因此对口支援政策的实施运作过程中，如何确保支援方对受援方的持续投入，以免浅尝辄止，使前期工作半途而废。这不仅需要在制度上给予一定的安排，同时也应科学预算财政与援助资金的整体规模与运营，根据不同项目的规模和标准，有计划有预算地分批投入，保证后续的维护运营资金，确保可持续发展的需要。

随着市场经济的发展，地方政府之间的横向关系更是一种受竞争和协作动力支配的体系结构，它们之间的关系主要具有经济意义的特征。因此应当改变当前的对口支援完全采取政府包揽的形式，充分调动民间力量加入到对口支援中来，调动一切可以调动的力量积极参与到对口支援中来，对民间企事业单位的对口支援行为可考虑进行税收上的优惠或财政上的补贴，加大对口支援的力度和广度。由中央政府组织富裕地区对口支援贫穷地区是一回事，而由中央政府协调，建立规范的、公式化和法制化的地方政府间横向转移支付制度又是另一回事。根据我国的实际情况，必须对省际对口支援的方式进行改革，将这种非规范化、非法制化和公式化的对口支援改为制度化、法律化和公式化的横向转移支付。只有确保对口援助的长期性和稳定性，才能保障对口支援的经济发展的持续效应。

同时在对口支援时，支援主体要把握好以下几点原则：首先，对口支援虽然是政府主导，但政府仅仅起到牵头的作用，具体的实施由各支援主体借助市场机制来运作，对口支援要充分发挥市场机制的作用，切不能盲目地干预。其次，在支援的过程中，要充分挖掘受援方的经济发展潜力，注意提升其产业层次，或者充分发挥受援方和支援方的比较优势，形成优势互补，在援助的基础上开展充分的经济合作，化单向支援为利益互动传导。在具体实施对口支援的过程时，要注意将以上原则贯彻到实施运作过程中去。

总之，对口支援是一项系统工程，客观上要求制度化、法制化的管理与监督实施机制，制度化、法制化的进程中既要考虑其周围的环境系统，同时又要考虑制度内部的内生系统。要做到外部协调化、内部体系化才能够从根本上发挥出对口支援的作用，促进公共服务均等化，推进不发达地区的经济增长和整个社会经济的协调发展。

第六章 省际对口支援政策二个相关问题再思考[①]

第一节 省际对口支援资金运作机制问题分析

我国省际对口支援政策的资金对口转移，是源于具体的政策目标（均衡地区间的发展、缓解特殊重大工作的困难以及应对突发灾难事件等）而实施的。从理论上说，应属于公共资金横向转移支付的范畴，从资金富裕地区转移到资金匮乏而又急需资金的地区，可提高资金使用的边际效用，起到“雪中送炭”的效果，从而提升社会的整体福利水平。从资金转移的实践过程而言，也取得了显著的成效。以四川灾区为例，据有关资料统计，恢复重建仅两周年之内，已完成总投资金额587.4亿元，占全部计划援助资金（772.3亿元）的76.06%；已开工项目3 427个，占计划实施项目（3 472个）的98.67%，已竣工完成项目2 559个（竣工率73.68%）。这些对口援助资金主要使用在灾区城乡居民住房恢复重建，学校、医院、福利院、电视广播台以及工农业等公共基础及服务设施的建设与重建等方面。实践证明，这些对口援助转移资金在客观上弥补了各地方政府的财政缺口，均衡了各地区间财政供给能力，一定程度上修正了转移支付的不足，同时也起到了促进地方社会经济增长的效应。不仅初步保障了灾区基本民生需求，也为灾区社会经济的后续发展奠定了一定的基础。

一、公共援助资金的特点及现实意义

对口援助资金的筹措来源、使用与监管过程及性质属性决定了它们具有以下特征：一是资金来源和用途的公共性与公益性。对口支援的资金取之于民（支援省市）并用之于民（受援地区居民），这些资金对口转移的根本目的在于满足受援区域居民的基本民生和公共需求。二是有具体目标和任务的针对性。主要是针对对口支援的实际需要，依据援助任务的要求而实施有目的、有

① 本章内容是花中东、周理瑞等同志合作研究的成果。

方向的资金援助。三是无偿性。对口支援公共资金的获得是支援省市的无偿性援助，无须偿还。因为公共援助资金的受益范围基本都在受援地区，这有益于促进受援地区社会经济发展，但从长远来看，又损害了支援省市长期的发展潜力，使得支援省市缺乏长期无偿援助的内在驱动力。四是援助资金的运作基础带有部分的强制性。公共援助资金的运作虽没有财政税收的法律制度的强制性，但毕竟是在一定的行政性指令下执行的，实施对口援助的各地方政府或多或少是在上级政治权力下完成的任务。尽管在对口援助过程中，各级政府、民政部门、红十字会、慈善机构以及社会各界踊跃捐献，但这种捐助是在特殊情况下出于道义和公民的责任与良心，并不具有可持续性。这种强制性及资金的无偿性、公共性等特点，决定了公共援助资金的筹集、运行和使用，缺乏长期稳定性和市场主体利益最大化所产生的内在效率性。因此，健全公共援助资金的运行机制和监管制度尤为重要。

公共援助资金在省际转移支付，起到了显著的经济效应，实证检验已证实：在一定程度上均衡了各地区间财政供给能力的差异，使得受援地区居民所享受到的公共服务水平得到了切实的提高，在很大程度上缓解了中央财政的压力，也弥补了我国转移支付制度实施过程中的一些问题，促进了我国社会主义市场经济条件下地区间基本公共服务均等化。同时在中央政府和各地方政府多方面的协调与援助下，通过公共援助资金与其他方面（如物质、人员、技术与文化理念等）对受援地区实施有计划、有目标的对口支援，客观上促进了各地方社会经济的增长。再进一步看，通过资金转移援助为主要内容的对口支援政策实施，增强了全民族的凝聚力和向心力，为各地区、各民族间的合作交流创造了平台与机会，提高了各民族人民，特别是受援地区人民和边疆少数民族对国家和政府的认同感，能够更好地维护各地区、各民族人民的团结，促进和谐社会的进一步繁荣。获得了国内外人士的一致好评，取得了良好的社会效应；同时从政治方面而言，无论是对四川灾区还是对少数民族等各种形式的对口支援政策的实施，都是各地在党中央国务院为核心的领导下展开的。该政策的实施有效地促进了各受援地区的社会经济及各项事业的全面发展，充分体现了中央集中各种力量解决现实问题、办大事的社会主义政治制度的优越性。

二、公共援助资金筹集及管理运作模式

无论是常态下对口支援少数民族地区（如对口援疆等）、对口援助国家重大重点项目工程（如三峡库区建设），还是对口支援由于突发事件引起的重建工作（如汶川、玉树灾后重建等），除了中央财政的部分转移支付以外，对口支援的公共援助资金绝大部分应由对口结对的支援省市（或地区）负责筹集，其中主要来自各地方本级财政预算收入以及其他渠道筹集的公共资金。

作为灾后恢复重建的典型实例，四川地震灾后的重建过程中，公共援助资金

的筹措的基础源自国务院下达的《关于汶川地震灾后恢复重建对口支援方案》的规定：各支援省市每年对口支援量不得低于本省市上年度地方财政收入的1%，且连续支援3年。其援助资金主要来自各地本级财政收入和上级补助，同时还包括各界社会力量的捐助资金（如红十字会、慈善总会及各级民政部门等）和其他用于抗震救灾的援助资金等。从连续3年（2007年、2008年及2009年）的各支援省市的地方财政预算收入来看，累计资金总额达到730亿元以上（这些仅是对口支援省市按财政收入1%计的援助资金，不包括中央财政转移补助和全国各地的其他援助资金等），如表6－1所示。

表6－1　2007—2009年各支援省市按1%计的各地方财政收入及累计额 亿元

支援省市	按1%计的地方财政预算收入			支援省市	按1%计的地方财政预算收入		
	2007年	2008年	2009年		2007年	2008年	2009年
北京	14.93	18.38	20.27	安徽	5.44	7.25	8.64
天津	5.4	6.76	8.21	江苏	22.38	27.31	32.29
河北	7.89	9.48	10.66	浙江	16.49	19.33	21.42
辽宁	10.83	13.56	15.91	上海	20.74	23.59	25.41
吉林	3.21	4.23	4.87	江西	3.90	4.89	5.81
山西	5.98	7.48	8.06	湖南	6.07	7.23	8.45
河南	8.61	10.09	11.26	重庆	4.23	5.78	6.13
黑龙江	4.41	5.78	6.42	福建	6.99	8.33	9.32
山东	16.75	19.57	21.99	深圳	6.58	8.01	8.81
湖北	5.91	7.11	8.15	广东	27.85	33.11	36.38
总和	以上累计资金总额约730.27亿元						

注：资料来源于2008—2010年《中国统计年鉴》。

各支援省市的公共援助资金实行“专户管理、专款专用、专账核算”的管理运作模式。首先各支援省市的财政厅在银行设立“灾后恢复重建资金专户”，汇总以上援助灾后重建的公共资金，即各地方财政部门、红十字会、各省民政厅以及慈善总会等部门机构将各类资金均划入该专户。然后改专户资金在具体实施过程中划入由具体实施的援建管理部设立的“项目运作资金专户”，做到专账管理、专款专用。

公共援助资金的运行渠道和管理模式的大致框架如图6－1所示。

从以上对口援助的公共资金运行程序看，非常清晰明了：由“各地本级财政预算资金和上级转移补助资金”“社会各界捐助的资金”以及“用于救灾的其他援助资金”等渠道汇集的公共援助资金集中到专门的“资金账户”，再转账到

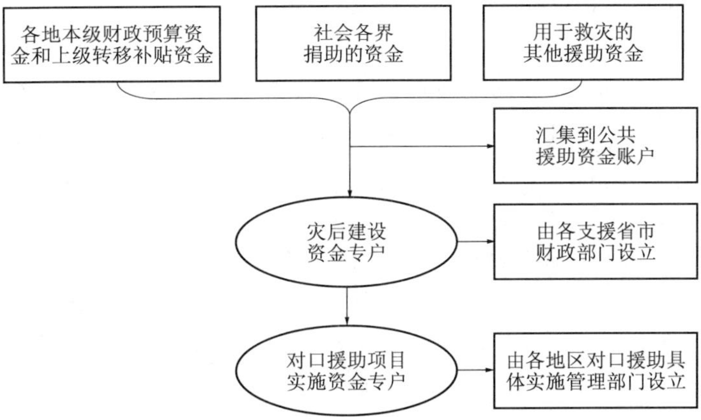

图 6－1　公共援助资金的运行渠道和管理模式的大致框架

“具体项目的实施账户”，整个资金的运行流程做到了“专户管理、封闭运行”，便于对所援助的公共资金进行管理、审核与监督，有利于提高资金在使用过程中的目的性与效率性。但同时以上公共援助资金的运行渠道和管理模式又存在着明显的问题：首先，援助资金的筹集渠道过于狭窄，是否有能力将一些项目急需的资金及时拨付到账户？尤其是一些民生项目资金。其次，从以上渠道汇集到的公共援助“资金账户”，是由各支援省市部门设立的，同时这些支援省市仅对自己结对的受援地区负责。如果在这个环节缺乏高层的统筹协调，不可避免地存在着各自为政的问题，各支援省市本身的财政供给能力就参差不齐，再加上各受援地区之间社会经济的发展也有很大的差异，因而公共援助资金这种各自为政的问题若没有整体的统筹规划和统一的管理标准与指标衡量（如地区人均财政收入或支出等），势必会影响到各地区间的财政均衡能力。从四川地震灾区对口援助的实践来看，连续 3 年的结对资金转移，人均受援额最高的地区（汶川县）达到 8.28 万元，是人均资金受援额最低（近 0.25 万元）地区（剑阁县）的 33 倍之多，足见差距之大，其间尚有很多环节在实践操作上需待进一步改进。此外，由各支援省市财政部门设立的“灾后建设资金专户”转移到由各地区对口支援具体实施管理部门设立的“对口援助项目实施资金专户”的过程中，为保障公共援助资金的独立性而遵循“专账管理、封闭运行”的原则，可在实践的操作过程中，极易与当地政府整体财政预算相脱节，导致项目重复建设、形成不了合力效应等问题。以下我们将对这些问题做进一步分析。

三、对口支援的资金运作过程中所存在的问题

具有横向转移支付性质的公共资金的对口援助，在我国省际对口支援政策实施过程中取得了巨大成就，不仅取得了显著的经济效益，同时也获得了显著的社会效应和政治效应。但因该援助资金的特征属性与运行机制等方面的原因，在实

践的操作过程中也不可避免地存在着诸多的问题。

（一）公共援助资金的整体协调性与地方公共财政资金的匹配性不足

我国目前省际对口支援政策都是在中央政府的指导下实施的，但中央政府仅仅只是做出总体的框架性的指令，没有对各援助省市做进一步的科学、精细的规划，很容易导致在具体实施过程中“各家自扫门前雪”的问题，形成各自为政的现象，使得各地区间的财政供给水平依然存在着较大的波动性，不利于基本公共服务均等化目标的实现；同时由于公共援助资金有其独立的运行程序，旨在加强对对口援助资金的管理监督，提高资金的使用效率，但也往往导致与受援地区的财政预算资金因管理运作机制不统一而无法挂钩协调，缺乏资金的整体统筹规划，极易导致社会公共资源的浪费和低效率等问题。

（二）公共援助资金的管理尚不够规范、拨付方式不一致

公共援助资金应严格地按照国库集中收付制度的要求，财政部门通过国库集中支付，直接将公共援助资金支付到用款项目和单位（如供货商或建设单位等）。但在实践中，往往是由主管部门层层下拨至相关部门或单位，然后再由各自的支援省市的财政管理部门拨付至各个受援地区财政部门或是具体的承建项目的单位，从而容易导致形成多头管理，不便于资金运作的统一拨付、监管与审核；同时由于援助资金的管理程序不规范，管理环节过多，援建资金项目的前期准备工作不充分、项目审批手续繁杂不全等原因，常常影响到援助资金的及时拨付和使用，使得项目资金在运用过程中经常变更调整，不利于援建资金最终目标的实现。如在2010年跟踪审计援疆资金中发现，项目变更调整多达23个，占2010年计划安排资金的19.8%。

（三）公共援助资金的使用目标不明确，运作机制不完善

有些受援地区不遵照高层统筹规划的援助方案实施，随意改变援助资金的使用。有的因地方财力有限，资金周转困难，将规划项目的援助资金拆借挪用到其他地方，以弥补经费的漏洞，或用在与原规划目标无关的其他方面；有的援助项目的结余资金，未经审核批准直接调整到其他项目建设，挪用挤占了原项目的规划资金。例如，在审计署公布的汶川地震灾后恢复重建跟踪审计（第一号）的76个重点项目中，有5个项目资金使用存在违规现象，涉及金额达2 605万元，其中包括剑门关景区项目指挥部将重建资金150万元，用于支付以前景区所欠的费用；甘肃省陇南通途公路工程处等单位将704.71万元灾后恢复重建资金，用于归还灾前工程银行贷款和日常经费开支等；审计（第二号）中，四川省绵阳市投资控股（集团）有限公司违规将永安大道1.4亿元灾后恢复重建资金安排用于规划外的城南新区建设，等等。另外，由于对口援助的公共资金在运作程序上的不完善、不规范，在恢复重建的资金申请过程中，甚至有的单位用灾前已经落实了的资金项目和设备重复申请灾后的恢复重建资金。跟踪审计（第二号）汶川地震灾后恢复重建的72个项目中有7个项目存在问题，总金额高达2.4亿元，还有3个项目不规范使用资金，超规划建设规模6.92万平方米、超规划投资1.55亿元。审计（第三号）中，陕西略阳县观音乡卫生院的125万元重建资金直接汇入施工单位项目经理的账户；改建映汶高速公路和国道317线违反合同规定，提前支付设计费和工程款2 385万元。

（四）对口援建公共资金的监管模式不合理，监审制度不严格

健全的资金监督机制和管理制度能够保证公共援助资金有效充分地运用。但在对口支援政策实施过程中，缺乏统一的援助资金的监督管理机制。援建项目资金监督检查主要是由援助双方各级财政、审计和各自的纪检监察部门以及各支援省市指挥部门等多头管理，无法从统一的角度对公共援助资金和项目的管理进行监督，形成监管合力。同时也缺乏一定规模的专业内审人才（援助方派选的主要是农业、医疗及教育等方面的人才），在日常项目资金监管方面易出漏洞。

对口支援资金管理的基本原则是“专户管理、专账核算、封闭运行”。但资金管理制度中存在很多薄弱环节，使得很多受援地区在具体实施过程中任意改变资金账户。例如，在2009年10月四川省审计厅发布的审计报告中，盐亭县、旌阳县、旺苍县、苍溪县、安县、南江县、巴州县、大竹县8个县共计7.29亿元恢复重建资金未纳入专户管理。同时审计中发现有28.43亿元从财政专户拨出后堆积在乡镇、主管单位等部门，这增加了管理难度和风险，不利于资金的有效使用。

（五）公共援助资金的监管力度有限，监查工作进展缓慢

一方面在于对口援建的很多项目涉及偏远的农村和乡村，项目建设分散且总体量大（对口援建项目的重点主要集中在民生改善与保障以及基层基础设施建设等方面）。但很多个体项目的工程量却很小，所涉及的项目资金管理难度大，监督检查工作进展缓慢；另一方面公共援助资金本身的监管力度有限，审计工作也不到位、不细致，致使一些项目资金的使用效率低下，甚至滋生贪污腐败现象。在审计署公布的汶川地震灾后恢复重建跟踪审计（第三号）中，发现有42个项目未安排监理和施工等技术管理人员。对口援建的资金总量数额巨大，尽管审计署、各省市审计部门专门实施了审计监督工作，但由于援助项目数量大、有很多项目规模小且偏远，只能抽查个别重点项目，因此无法确保公共援助资金全部运行到位，难免会出现腐败问题。

四、政策改进建言

总体而言，针对我国目前对口援助的公共资金运行管理中所存在的问题，可以从以下几个方面提出改进的对策建议。

（一）提升公共援助资金的整体协调水平，削弱地区间财政供给能力的波动性

加强整体的宏观统筹，并结合各地的实际具体情况，尽可能做到以人均财政

供给能力为衡量指标，均衡各地区间的财政供给水平。在对口支援政策的具体实施过程中，各支援省市与各受援地区之间的社会经济发展水平都存在着一定的差距，尽管援助政策制定的初始已经考虑到了这些问题，但基本都是总体框架性的，没有做进一步更精细的规划，因而导致各受援地区间财政供给能力存在较大的波动性。如果能够在宏观上进一步细化公共援助资金的整体规划，加强地区间的协调性，并结合我国政府间转移支付制度，力争做到以“人均财力均衡”为基础的各地间财政均等化，这样就能大大削弱各地区间的财政供给水平的波动性。

（二）合理规划援助资金与地方财政的匹配性，促使形成合力效应

当公共援助资金具体落实到一个地区时，一方面对口支援资金在实际使用时应有独立的监管和运行机制，尽力保证做到“专户管理、专款专用、封闭运行”，但另一方面从总体规划上，应当与当地财政预算的整体实施计划相匹配，以保证对口援助的公共资金和地方财政预算资金在具体实施过程中的总量和结构上相协调，形成整体合力，到达对口支援的实际效果。如何将公共援助资金运行的“独立性”有效地与地方财政预算相协调，则取决于支援省市与各地方政府应加强资金运作的整体规划，切不可“闭门造车”，只有这样才能将双方有限的资金整合，形成合力效应。

（三）不断提高科学化管理水平，逐步完善公共援助资金的规范化、制度化运行

目前我国对口支援的资金援助，大都建立在一些政策性文件和通知上，缺乏一个规范系统和稳定的制度体系。通过政治动员和政策性指令，固然能够提高各对口支援的地方政府和受援地区及全国各民族的社会政治觉悟和全民族的凝聚力。但同时也恰恰反映了在制度运行上所存在的问题，使援助实施过程中缺乏规范化、科学化的操作标准，更为重要的是没有稳定的制度化的保障，各地方政府实施横向资金援助与转移的积极性和主动性就会丧失可持续性保证。在对口援助具体包含的“物力”“人力”及“财力”等方面的转移中，“人力”与“物力”的转移援助，可以视今后的发展而定，而其中的“财力”援助——作为一种公共财政资金地区间的横向转移支付，可以借鉴发达市场经济国家成功的实践经验，并结合我国政府间财政转移支付制度的具体情况，由原来的政治任务性的政策指令，逐步向不断完善的规范化、制度化转变，在条件成熟时甚至可以进一步向法制化推进。

（四）其他改进措施建议

1. 详尽规划公共援助（项目）资金的前期可行性分析及调研工作

对口援助资金的使用范围、项目建设所涉及的领域，尤其是当地的土地开发是否合法合规、资金项目的成本收益以及环境承载力等，应当以受援地区实际的需求和承受为依据，应当与该区域社会经济长期发展相协调。因而，必须能够从整体统筹的角度做充分的实际调研与可行性分析，合理规划每一笔资金使用，做到科学性、稳定性和效益性的统一，避免随意变更项目计划，防止资金运用过程中的浪费和低效益现象。

2. 完善援助资金的制度运行和严肃责任意识，加强援助资金的管理工作

逐步建立健全援助资金运行的制度机制和管理方法。设立财政资金专户，将公共援助资金封闭运行、专户管理，不得将专户中的援助资金挪作他用，也不得将他用资金转入该账户；相关管理工作人员的编制应及时到位，并要不断加强这些工作人员的道德责任意识；在具体管理方法上，尤其是要加强票据的管理，不合理、不合规票据一律不得入账，入账的公共援助资金应附有合规的原始凭证，且财务记录也要合理规范，等等。逐步建立并完善科学化、精细化的资金管理方法和监管机制。

3. 加强并细化援助项目资金的监督审计程序和内容

在援助资金的监管过程中，应从源头上严格把关项目的审批、加强公共援助项目资金实施过程的管理与监督，同时加大项目检查验收的力度，即细化对项目资金运作全过程监管；为保障援建项目的顺利完成，首先应保证项目及其配套资金足额且及时到位。在具体的对口援助的实施过程中，有些援助省市为保障资金运作的安全性、规范性与高效性，分别制定了项目资金管理办法和管理规程等制度。如在援疆资金监管中，上海市出台了《上海喀什建立两地三方四县援建工作监督保障联席会议制度》，其中明确规定援疆资金的拨付使用一律通过银行网站进行，援疆资金不得提现，不得使用网上银行以外的支付方式，确保每一笔资金流向明晰，信息全面，监督有效，公开透明，确保资金运行安全；山东省制定了《关于对口支援新疆资金和项目审计工作方案》，从对口支援新疆工作开始至结束的援建资金和项目管理情况，实施跟踪审计，确保援建效果。此外，河南、湖北等援助省市为保障援助资金的规范、有效的运用，制定了相应的管理与监督的办法和措施。

4. 尽可能拓展资金的筹集渠道，并逐步建立健全援助项目资金的绩效评价体系

公共援助资金的筹集渠道偏窄，极可能导致资金运行的流通不畅，影响援助工作的顺利进行。因为稳定连续的资金流是援建工作保质保量完成的重要保障。因此，拓展公共援助资金的筹集渠道有着重要的现实意义；与此同时，依据公正与公平、规范化与科学化的原则，对项目资金的管理与使用效益、项目前期基础性工作、项目工程建设以及验收等过程，运用科学的评价方法，建立规范统一的评价标准，对公共援助资金的运用水平进行多方位的绩效评价，以促使对口援助资金的管理与使用更加规范化、精细化与科学化。

5. 关注员工的道德责任教育和专业技能培训

对口支援相关的“人力”“物力”及“财力”等方面的转移与建设，其涉及的每一项具体工作都是由“人”来完成。无论是支援省市负责资金等方面转移

的管理人员，还是受援地区具体项目的建设人员，都应本着对社会和百姓负责的态度，强化自身的道德责任意识，严格执行各项规章制度，将纳税人和全社会爱心捐助的公共援建资金为受援地区社会经济发展发挥最大效用。同时也要不断提升员工自身的专业理论水平和操作技能，能够为对口援建各项工作的顺利展开，为受援地区百姓的生活水平提高和环境改善等一系列工作，做出有效而实际的贡献。

公共援助资金的本质属性，决定了该资金的所有权属于全社会。因而依据“阳光财政、民主财政、法制财政”的要求，应尊重全社会的广泛参与监督，将公共援助资金的运用，在决策、使用及效应评价等过程，坚持信息透明化、公开化。尤其是援建资金的重要项目建设，应实行第三方监督机构及相关专家的全程监管与评价，不仅要从源头上掐断腐败和资金流失问题，还要防止资金运行过程中的低效率现象。

第二节　我国省际对口支援长效运行机制的思考①

我国省际对口援助（包括地区间经济技术的协作），其本质上是我国所特有的一种地方政府间公共财政资金横向转移支付，是基于我国现实的各地区、各民族在经济、政治、社会及文化等方面的发展水平存在着客观上的差距以及资源禀赋不平衡的现状，为缩小各民族各地区之间的差距，推动各地区间社会经济的均衡发展，实现共同繁荣而实施的政策性文件总和。该政策的实施成功地实现了各地区间资源的有效转移，促使物质、资金、人才及技术等要素的合理流动，并在一定程度上弥合了地方政府间财政缺口和财政横向不均衡，缩小了地区间的发展差距。从四川灾区 18 个受援地区的援助效果看，有针对性的援建工作保障了受灾地区基本民生需求和基本公共服务均等化要求。如城乡安居房基础设施与清洁安全用水体系的建设、教育支撑体系与医疗卫生体系以及支农惠民保障体系等方面的建设与完善均取得了实际而务实的成效。在援建过程中，创建了各援助省市与各受援地区之间的交流平台，客观上也为各受援地区提供了人力资源、信息交流、物质流通及社会关系等方面的支撑。从更高层面上，彰显了我国政治体制的优越性，提升了整个社会对政治体制的信心。取得了显著的经济、社会及政治效益。更为重要的是为各地区间进行长期交流与合作奠定了良好的基础。通过援助运行机制的不断规范化、制度化的完善，借助市场机制的利益驱动，使得援助双方尽可能在经济、社会及文化等方面建立

① 本节内容着重于对口支援“长效运行机制”，是鉴于长效运行机制在政策实施过程中所产生的重要作用。本课题研究基础是四川省汶川等地震灾区，其长效运行机制效应仍有待于时间和实践的不断检验与探索，目前尚缺乏具有足够说服力的证据支持，本部分内容暂用“思考”，对其中的不妥之处，恳请读者批评指正。

长期合作的关系。

但由于在宏观管理上缺乏有效的统筹机制，管理运作过程不协调，使得各援助省市各自为政；同时援助政策实施的整体预算规划不明确，对口援助资金与中央财政和地方财政的整体统筹安排没有各自的清晰的责任定位等问题，造成各地区间的财政均衡存在着较大的波动性，无论是短期还是中长期，都有很多改进的空间；更为重要的是，由于我国省际对口支援政策的实施基础源于垂直行政系统，其行政指令的特征不可避免地与市场机制的运行存在着矛盾，所导致的大量短期行为，使得援建的后续资金短缺，很多援建项目浅尝辄止、半途而废，形成一系列烂尾工程，严重影响了对口援建的经济效应，也产生了不良的社会影响。因此这些短缺行为所产生的种种现实问题客观上要求我们建立配套实施的长效运行机制。正如温家宝在四川地震灾区考察时所指出的，“鼓励支援省和受援县在巩固援建成果，互利共赢的基础上，探索建立长期合作机制”。

一、对口支援长效运行机制的内生运行分析

（一）长效运行机制形成的现实背景

受援地区（如四川灾区等）因受到突发灾情等因素的影响，使得该区域的生产力水平受到极大破坏，不仅影响了短期的恢复能力，也制约了长期可持续发展的基础，同时也不可避免地影响了周边地区的发展。受灾害地区往往原本经济发展基础就较为薄弱，又受到灾情的严重损毁。在短期内，通过国家及全社会援助力量有计划、有步骤稳健地恢复重建工作，能够基本保障民生的需求和基础设施的建设；但从长期来看，原受灾地区的自我发展能力依然较低，带有行政指令性的对口支援的实施无法避免客观上存在的短期行为，使得受援地区发展的可持续性得不到有效保障，这些都与国家协调地区间社会经济均衡发展、实现地区间基本公共服务均等化的宏观经济目标存在一定的矛盾。为此，国家实施灾后恢复重建的对口援助政策不仅有明确的短期目标，还有长期的基本规划：依据各支援方（省、市）的资源、人才、技术及产业优势，通过人才与技术引进、产业转移与承接等方式扶持受援地区经济社会的可持续发展，不断培育并增强当地的“造血”机能和市场综合竞争能力。

从现实的市场环境而言，东部发达地区（支援省、市）由于客观与历史等方面因素的影响，在资金、人才与技术及产业等要素方面过度集聚，这使得东部地区环境与资源承载压力逐步加大，各种要素的运行成本也在不断攀升，反而使各种要素资源的发挥受到束缚和限制。借助于国家对口援助政策实施的各种优惠政策的引导，依据自身行业、企业的特点，将资金（本）、人才与技术、产业等生产要素转移至具有相对劳动力要素优势、资源禀赋优势以及政策优势的各受援地区，不断地扩展市场空间和高额资本回报率已成为现实的可能。

在对口援助政策框架下的长效运行方式中，通过市场机制运行的区域间产业

承接与转移，已成为地区间长期合作发展的主要形式。一方面，同FDI①一样，地区间产业承接与转移的投资活动过程中，由于管理与技术的溢出效应，为受援地区提供更多、更先进的人才、技术、管理理念和方法，客观上提高了受援地区产业发展的科技与管理水平，为未来承接先进的高水平科技产业夯实了可行的基础。另一方面，对口支援的支援省市可以有效地对现有的产业结构进行优化调整，将实施产业转移后存有的资金（本）、人力、财力及土地和厂房等资源要素进行合理整合，运用到具有相对优势和市场竞争能力的支柱产业、高科技新兴产业或低碳绿色环保产业上。通过对资源的合理优化配置，实现地区间产业结构的优化整合与升级；同时又可以充分运用受援地区的优惠政策优势、当地资源和土地成本优势以及廉价劳动力等方面的优势，实现企业的扩张性战略产业转移的目标，提升企业的市场综合竞争力和生存能力。

（二）中央对口支援政策实施与地方政府之间合作的内在可行性与必要性

我国目前对口支援政策的实施源自于垂直系统的行政性指令，依据中央高层的行政指令规划，而具体的落实与实施则在于各地方政府。在中央政府规划与主导下，各地方省市积极响应配合。各支援省市运用公共财政资金的（纵向与横向）转移支付、人才与技术的学习与交流、管理理念与文化的输入、各种物质的供给以及市场企业的投资等多种方式，促使受援地区社会经济的发展。在这个过程中，起着关键作用的是各区域地方政府间在具体实施援助计划中的合作诚意与态度，它直接影响到对口援助政策的实施效果。

依据我国现行的政治体制，各地方政府既是中央政府管理地方的政治委托人，同时也是该区域民众权益的政治代理人。一方面，各地方政府作为管理地方的中央政治委托人，首先应完成中央政府对口援助实施的行政指令规划，确保在短期内保障民生住房等基本需求以及当地基础设施的建设等目标，并按照规划《汶川地震灾后恢复重建对口支援方案》的要求完成相应的计划任务；但另一方面，各地方政府同时又代表着各地方公众的利益诉求。在宪法上也明确了地方政府职权的相对独立性，尤其是在目前财政分权体制下，地方政府又是有其独立的财权与事权以及代表地方公众与市场经济利益的社会管理主体，而不再是原来的完全依赖中央政府统收统支的政治组织。因此各地方政府在完成中央规划的援助任务后，由于对口援助实施过程中，与受援地区之间形成的在位优势，使得支援

① FDI的大量流入不仅缓解东道国经济发展过程中的资本短缺，加快国民经济工业化、市场化和国际化的步伐；更重要的是，FDI可以通过技术外溢效应，使东道国的技术水平、组织效率不断提高，从而提高国民经济的综合要素生产率。在对口支援政策实施过程中，东部发达省市对受援地区的公共资金的援助和在优惠政策引导下私人资本的市场化渗透，除了可以增加受援地区的资本存量、整体上提高投资规模与优化投资结构以及缓解受援地区的就业压力外，这些外援资金大量进入受援地区客观上起到了技术外溢的实际效应。（沈坤荣，耿强．外商直接投资、技术外溢与内生经济增长——中国数据的计量检验与实证分析［J］．中国社会科学，2001（5）：82－92．）

省市更容易了解掌握该地区的市场环境，不可避免地会存在着借助国家优惠政策的引导，为各地方公众与市场企业谋求利益的行为。即各地方政府在完成《汶川地震灾后恢复重建对口支援方案》任务的同时，各地方政府内在利益驱动力促使地方政府之间加强各方面合作，以谋求各地方自身的利益需求，而这一行为促使原带有行政指令性的对口支援政策逐步演变成具有市场化运作性质的地方政府、企业与市场之间的长期合作与交流。为对口援助在政府引导下长效运作机制的建立奠定了现实的基础。

由于历史及客观上诸多因素影响，各受援区域往往会受到多种不利因素的制约，不仅缺少支撑该区域社会经济持续稳定发展的内生能力，同时诸如水利、电力、交通与通信等公共基础设施的建设方面也相对滞后。为此，从根本上提升这些区域的自我发展的内生能力和逐步完善该区域公共基础设施的建设是关键，否则很有可能导致贫穷—援助—再贫穷—再援助—更贫穷的恶性循环，反而违背了对口支援政策实施的初衷和目标。因此，为保障受援地区可持续协调发展的客观需要，建立省际对口援助长效运行机制有其现实的客观必要性。

首先省际对口支援长效机制的建立，一方面有利于促进各地区之间均衡公共服务的供给能力，逐步实现各地区间基本公共服务均等化目标；另一方面通过对口援助长效机制的市场化运作，有利于促进各地区之间地理优势、资源优势以及人才、技术与管理水平等多方面的优势互补，充分发挥地区产业和资源的比较优势，以实现各地方社会经济增长与协调发展的客观要求。不仅能够有效缓解我国目前对口支援政策实施短期行为所产生的各种现实问题，而且也能促进地方社会经济长期可持续协调发展。如包括受援地区市场内生“造血”机能和竞争能力的培育；后续公共基础建设和公共服务项目的可持续的资金支持；建立产业帮扶、完善市场平台建设等。其次建立省际对口援助长效运行机制也是经济长期增长、长期投资乘数效应得以发挥的保障。长期人力和物质资源可持续的投入，即保障总量的投入是对口援助投资乘数效应发挥的基本前提。若得不到长期有效的可持续保障，不仅使得对口援助实施的潜在长期效应无法显现，而且前期工作浅尝辄止，导致大量资源浪费，无论是社会效益还是经济效益都会大打折扣。最后对口援助长效运行机制能够有效促使短期内民生保障与基础设施建设向长期市场化产业恢复与扶持逐步推进，实现短期内行政指令下对口的单边援助发展成为基于支援省市和受援地区各自资源禀赋，依据市场经济规律优势互补下的援助双方互利共赢的长期对口合作。

（三）理论研究基础的文献综述

俞晓晶通过对口支援（短期效应）到对口合作（长期效应）两阶段博弈的分析认为，依据区域间相对资源优势的产业转移，可促进受援地区优势产业的发展以及传统产业的改造，实现区域间双方合作的“共赢”，但同时指出地方政府间的合作态度是关键；刘铁以汶川地震灾后重建对口支援模式演变为视角，通过对灾后重建对口支援的启动、行为模式演变及其背景分析和法律制度的构想等方面内容的研究后认为，从现实的角度上说，我国对口援助的方式从临时性的援助已悄然转变为援助与合作相结合的多种模式，并且对口支援长效运行机制的建立是今后努力的方向；邓宏兵、杨喻兵以汶川地震灾区为例，分析了对口援助下“产业转移与承接”的背景及意义。从“建设工业园区”“转移农业新技术”“对接招商”等视角阐述了目前我国省际对口援助长期合作下产业转移与承接的模式与途径，同时认为为促进受援地区的产业结构调整升级和产业集群可持续发展，政策体系实施过程中，土地供给、企业援助、人才及科技支撑等相关政策应相互配套协调，等等。综上目前关于对口支援长效运行的文献，尽管研究的范围和数量有限，但大都对长效运行机制建立的必要性、性质与特点以及未来发展的实现途径等方面从他们各自的研究视角做了系统的论证。为我国省际对口支援长效运行机制形成与建立奠定了初步的理论研究基础。

二、对口援助长效运行机制形成内涵与实现途径

我国目前省际对口支援政策都是在中央政府主导下，由各地方政府依靠财政和社会各方面力量的无偿援助得以实施的。在短期内效果显著，但从长期来看，无论是地方政府还是市场企业都缺乏足够的内在驱动力向欠发达地区（或灾区）实施长期的无偿援助与投资。因此，若要建立有效的长效运行机制必须尊重市场经济的基本规律，坚持市场化运行原则的基础上，政府制定政策导向并搭建合作服务平台，引导市场企业长期合作创业。通过制定财税、土地与金融、社会保障与就业，尤其是相关产业等优惠政策，引导产业领域的长期市场合作项目，通过实施产业转移与承接，建立工业经济园区、经济技术合作等方式，挖掘双方各自的资源优势，培育受援地区的自我发展能力和市场生存与竞争能力，以实现援助双方的长期互利共赢。

在四川灾区对口援助政策具体实施过程中，各支援省市除了短期内完成民生保障项目，基础设施恢复重建的同时，还立足受援地区长远发展，制定了为长期社会经济发展相关的“财政税收政策”“金融政策”“就业和生活保障政策”以及“产业扶持政策”等。既注重资金与物质的“硬件”援助，更注重技术、管理水平及文化理念等“软件”输入，尤其在人才培养、产业发展等方面加大援助力度。为了切实夯实受援地区社会经济长期发展的内生动力，各对口支援省市充分发挥自身在人才、技术、管理等方面的优势，通过加大教师培训、干部培训以及人才输送的力度，为受援地区强化自身市场生存能力与综合竞争力；通过采取双面持职、两地培训和支医、支教、支农等办法，可以不断地为受援地区培养并输送大量的医疗卫生、项目管理、施工监理、城市规划等相关技术人员与各级管理干部，给予受援地区有针对性的切实援助。更为重要的是，在坚持市场化运

作的基础上，实施产业转移与承接的方式，实现长期合作的目标，促使地方政府之间的产业结构优化调整与相对优势产业转移，以最终实现对口支援双方的长期合作的“双赢”。总之，对口支援省市不仅要通过横向财政转移支付等手段短期内帮助受援地区兴建民生工程、基础设施等“输血”项目，而且要通过输入技术、管理、人才、品牌等优势资源，采取独资、合资、兼并等方式实施产业承接与转移，帮助受援地区（依据他们自身的相对优势）兴建自己的企业，大力发展地方经济，逐步增强这些地区自身的长期社会经济发展能力。

产业转移与承接，为长效运行机制的建立奠定了坚实的基础。总体实施框架如下：首先，在国家宏观优惠政策的引导下，有计划、有步骤、有选择地通过引资入园、对口招商等方式进行产业转移与承接；在此基础上逐步形成产业集群（尽可能发展外向型产业集群），并形成具有一定市场综合竞争能力的规模集群优势；同时逐步培养和发展为产业集群配套服务的服务性行业，尤其是生产型服务行业，以保障产业集群的可持续发展。其次，在具体实施产业转移与承接过程中，不仅要努力建设好优良的投资环境和引资入园工作，还要依据不同区域间资源相对优势展开长期对口合作，既要注重投资的数量与规模，更要关注适合本区域发展的投资质量与结构，以充分发挥区域资源与特色产业优势。

对口支援长效运行机制框架下的产业转移与承接的实现途径，可通过以下方式：

第一，充分利用外围的政策及社会环境，可采用筑巢引凤方式，建立经济与科技开发园区、工业经济园区等。建设工业经济园区是东部发达地区工业与经济集约化发展过程中重要形式，其先进的管理理念与文化已形成一定的基础。建立工业经济园区可便于企业集中管理，降低企业的各项运作成本，通过集约化生产经营，促进企业协作发展，形成产业链，可以实现资源的共享。同时，园区的建立能够有效改善投资环境，可依据园区及周边环境，集中建设环保设施，实现污染物的统一排放与治理，保障社会经济的低碳环保与工业化进程的可持续发展。另外，从社会层面而言，工业经济园区的建立与发展，可扩大当地的就业范围，尤其是吸纳相当数量的农业劳动力人口，在一定程度上推动着农村向城镇化的迈进。援建省市企业进入经济园区投资发展，其投资扩张的决策依据从根本上说是市场企业基于市场经济运作自我扩张的自主选择，而非行政指令的结果。以四川地震灾区的援建为例，仅截至2009年年底，各对口支援省市在他们援助地区的市县共建设工业经济园区18个。如江苏省在绵竹投资5亿元援建规划面积8平方千米的江苏工业经济园区，江苏无锡市在绵竹汉旺镇建设了汉旺工业园区。辽宁、山东分别在安县与北川建设了辽安产业园、北川—山东产业园等。这些工业经济园区的建立为受援地区的后续发展注入了强劲的动力。

第二，根据区域间相对资源优势及产业的结构特点，有步骤地实施对口招商与投资，开展长期对口合作。援助双方应充分发挥支援省市相对先进的科技力量、管理水平和文化理念以及在资金（本）、人才和市场等方面的优势，依托受援地区县市相对丰裕的自然资源、人力资源等生产要素，结合受援区域的具体条件，并在充分掌握本地区产业结构的实际状况的基础上，实施有步骤的产业转移。依据不同区域产业结构的特点，合理承接援助双方互补或相关的产业。一方面能够弥补本区域产业结构的空白与不足，推进产业集群的形成与发展；另一方面大力发展符合本区域特点的特色产业。同时支援省市与受援地区在产业承接与转移，推进产业集群的形成与发展过程中，应不断推动区域产业结构的调整与优化升级，注重产业内生发展潜力，从资金、人才及政策等多方面扶持高科技绿色低碳的朝阳产业（集群）的发展，以确保长期合作下产业发展的可持续性。

第三，展开地区间与产业转移相适应的经济技术的长期合作，包括人才培训计划、专利项目的引进、工农业新技术的转移、教育与医疗信息化联动等。科技力量是促进生产力发展的内在动力，不仅是发达地区推动社会经济发展，加快区域经济增长的重要力量，更是对口援助长效运行过程中保障受援地区可持续协调发展的重要内在因素。援助双方的经济及产业技术的合作与转移，是支援方向受援方生产力空间扩展的方式，对受援地区产业结构的调整与优化升级起着至关重要的作用。可根据受援地区实际发展的需要，实施有针对性的经济技术转移和长期合作：首先，为提高受援地区基本公共服务的供给水平，在国家及政府一系列优惠政策的引导下，从教育、医疗及社会保障信息化发展等方面加强联动机制建设，包括软件资源构建、硬件设备建设及文化理念融合等内容搭建互动平台，提高区域间公共服务均等化水平，为长期持续对口合作奠定社会基础；其次，工、农业生产是受援地区恢复和发展当地社会经济的根本支柱。通过工农业新技术转移与转让，提升受援区域工业化、农业化水平，改造传统的工农业发展模式和生产方式，对促进当地科技进步和推动社会经济快速发展有着重要的现实意义。此外，还可通过人才的交流与培训、新技术专利项目的引进与转让等方式，展开区域间经济技术的长期合作。

在实施产业承接与转移、对口招商与投资的过程中，还应注意以下几个问题：

（1）产业承接的规模结构和质量水平状况应符合当地实际生产力水平的状况，切实推动当地生产力水平发展的需要。为保障对口合作的可持续长期效应，不能盲目追求总量和速度，尤其在产业承接时，应做到科学而有序，承接产业的质量水平和科技管理水平应切合当地生产力布局的实际状况，适当选择科技管理水平较高的产业，为将来产业集群的形成与发展夯实内生潜力。

（2）在支援省市向受援地区实施产业转移过程中，不可避免地存在着向受援地区转嫁环境污染的产业，增加当地社会经济发展的环境成本，削弱可持续发展的后劲。为此应制定产业承接的环境准入标准，鼓励高科技绿色环保产业的。

“利用循环经济理念发展产业集群和产业体系，走可持续发展道路”。

（3）集聚各方面力量，努力推进产业集群的形成与发展。受援地区可充分利用援助双方建立的工业经济园区，依托本区域内的特色产业和相对资源及政策优势，积极扶持中小企业的发展，尤其是有广阔的市场前景且低耗能的高科技低碳产业与地方特色产业的发展。努力形成以大企业为核心、中小企业分工明确，长期合作共赢，互补互利、竞争有序的市场格局，为产业集群的形成打下良好的基础；充分运用国家的各项援助政策，包括财税、金融、产业等政策以及土地与人才支撑政策和科技支撑政策的作用，积极拓展外向型产业，促使产业集群的不断壮大；为保障产业集群的运行顺利，提高运营生产效率，应鼓励发展为产业集群配套服务的产业，尤其是生产型服务产业的发展，是产业集群长期可持续发展必不可少的条件，包括以制造业为基础的配套服务业、金融与贸易、物流、广告等，为产业集群的可持续发展提供保障。

三、长效运行机制的建立所存在的问题分析

我国省际对口援助政策实施产生举世瞩目的短期效应。但从长期来看，一方面，建立对口援助长效运行机制是各地间社会经济发展，尤其是受援地区社会经济与文化发展的客观要求；另一方面，由于对口支援政策本身所具有的属性，使得政策长期实施过程中不可避免地存在着一些问题。

（1）即使对口支援政策实施的短期效应能够得到保障，那么后续的援建资金成本由谁来承担？由于援助双方后续工作的责任和义务不明确，资金的来源渠道尚处于模糊状态，各地方政府及市场之间的全面合作的长效机制的形成有待时间和实践的检验。

从理论和现实的角度看，长效运行机制的作用是显而易见的。但由于存在着客观上的原因，源之于行政力量驱动的对口支援政策的实施，一旦失去垂直系统的行政指令，是否能够有效建立起具有市场内生作用的长效运行机制目前尚不明确。我们知道，对口援助的前期工作是在行政指令下的资源的大量投入，主要针对受援地区的基础设施和公共服务等领域，使得这些地区的公共服务基础设施建设和规模大幅度提高，其后续的运营维护费用必然相应地增长。根据倪锋的研究，受灾地区（如四川地震灾区）往往由于经济发展水平较低，灾前的基础设施和公共服务投入规模总量就很少，这些地区的财政预算收入不可能在短期内大幅度提高。因此，若要保证这些地方可持续的基础设施和公共服务的提供水平，其公共预算资金从何处筹措？后续的公共服务运作维护成本由谁来承担？依据杨道波的研究，在行政指令为基础的援建期间（如三年），援助公共基础服务设施和公益项目的建设取得了一定的成果。但行政指令的援助期限之后，各支援方的援助资源将大大减少，尤其是市场化的经济技术合作领域的项目往往半途夭折，前功尽弃。因此，如何建立起各地方政府及市场之间的全面合作的市场化、制度

化的长效运行机制是必须面对的问题。

（2）带有明显的计划经济的特征，缺乏市场化运作的基础。

对口支援方案是各级政府运用行政（权力）手段制订计划并组织实施的，实施的主体是省市各级地方政府，基本上没有市场化企业参与，只有极个别的中央企业完成国家（权力）的政治任务。因此，现阶段的对口援助政策实施存在着“重政府作用，轻市场机制”的问题。国务院发展研究中心研究员郭励弘认为，在以往的灾害损失严重地区对口支援中，由于缺乏和当地经济社会发展相协调的系统规划，导致受灾地区的房子、基础设施可能建得很好，却很难形成产业。受援方在选择援助项目时，有“短视”现象，存在着以争取资金物资为主，以争取无偿支援解决目前困难为主，单纯追求项目数量，存在着一定的“面子”工程等问题。

随着市场化改革进程的不断深化，我国逐步进入利益分化时代，地方政府的自主性不断加强，地方保护主义和利益本位意识也日益膨胀。在这种情况下，继续大规模地推行具有较强计划色彩的对口支援政策所遇到的阻力将会越来越大。

（3）缺乏科学有效的评估机制。

政策的评估是政策实施过程中一个极其重要的环节，由于我国现行的对口支援政策更多的是表现为一种应急机制，还缺乏制度上的规范和制约，因此政策的设计上还存在很多盲点。如在监督的广度和深度上还不够，监督的内容还不完整，缺乏绩效监督的内容。根据李盛全的研究，很多对口支援协议项目由于跟踪后续工作不力，造成半途而废。形成这一问题的根本原因在于我国缺乏一套针对对口支援政策具体实施和项目管理的科学有效的评估体系。规范、有效的评估机制是对省际支援工作优化的重要保障。

（4）对口支援政策的实施工具过于简单化。

对口支援政策大多是宏观经济政策，在具体实施过程中，依然尚存很多政策缺陷，因没有形成制度化的规范体系，没有建立一套严格的项目论证、筛选、审批的决策程序，导致时有出现项目审批的随意性，对口支援资金的寻租分割等现象。对不同受援地区缺乏有针对性的精细化政策工具。针对特定受援地区的政策工具之间缺乏相互配合，形不成合力效应。因此，对受援地区投入了大笔资金，建设了一批批项目，但收到的效果却并不理想。此外还缺乏必要的政策工具组合体系，如管理工具、协调工具、监控工具和评价工具。对口支援政策工具之间的协调性、衔接性、配套性和系统性不强，造成对口支援政策未能达到预期的效果。

针对对口援助政策实施过程中所存在的问题，我们应当尊重现实的基础上认真的分析与改进，有些问题的出现是客观的。我国对口援助政策实施的基础就是现行的体制框架，如果从根本上改变现行体制框架的方式来解决其中存在的问题，那么其政策实施的基础也就不存在了。因此，不断完善对口援助的运行机制必须建立在现行的体制框架内。

四、推进对口支援长效运行机制建立的政策建议

（一）市场机制与政府机制是调节和推动现代社会经济发展的两个重要方面，均在各自的领域内能够成功地发挥着资源优化配置的作用

发挥“市场机制在资源配置中的决定性作用”与“政府的支持、规划、服务与辅助作用”。正确认识到“中央政府与各级地方政府”与“市场”的各自职责和作用，以充分发挥市场、政府和社会各自的优势和潜能。

在对口支援政策实施过程中，一方面充分发挥市场的决定性力量，促进生产要素在区域间自由流动和合理配置，引导产业由东部沿海向中西部地区有序转移，逐步改变西部地区市场经济落后的局面，通过市场机制的作用将内地发达省市的外生援助转化为西北部地区自我发展的内生机制；另一方面通过政府引导与服务，鼓励和支持各地区搭建区域经济协作和技术、人才合作的良好平台。建立制度化的区域合作机制，形成以东带西，东中西共同发展的格局。

通过市场、政府、企业以及社会各界共同努力，使对口支援这一为促进落后地区发展而特别创建的政策能够发挥它的最大效用。

（二）不断完善对口支援政策运行过程中相关制度的建设，提高政策的实施效率

在支援省市和受援地区建立对口支援的事务与财务相对应的公开透明制度，使援助行为的每一件事都能够接受公开的监督，增强公共援助资金使用的透明度。应建立对口援助资金的专门账户，实行专款专用制度，加强对口援助资金的专项审计制度；同时建立科学有效的动态评估机制：一则可防范具有短期与低效率的“形象”和“政绩”工程，把有限的资源用在当地经济社会效益高的地方。再则可通过动态评估机制及时掌握援助项目的运行情况，并从中总结成功的经验和失败的教训，从而逐步提高管理水平和援助工作的质量。此外尽可能借助社会非政府组织参与评估，以增强评估结果的客观性。

（三）对口支援政策的有效实施，需要有组织完善、设计精细、有的放矢的一整套政策工具作为保障框架

应由原来的单一化政策工具向精细化、综合化方向转变，以有效缓解受援地区的多样化治理诉求。根据受援地区的不同情况，有针对性地选择差异化的政策工具组合。例如，对于像四川灾区这样在突发的外生因素导致生产力遭受极大破坏且严重损毁的地区，要采用多管齐下的办法，优先重点支持基础设施建设，保障和改善民生问题，同时切实做好教育、医疗、卫生、住房等关系民生的社会事业；其次着眼于长远的发展，还要不断地加强工业园区建设，吸引支援方省市的企业入住，培育和发展特色产业，增强自我发展的能力。因此针对不同受援地区的具体的客观需要，政府应通过艰苦细致的工作，在政策工具的选择上更精细

化、更人性化。

五、我国省际对口援助方式未来的可能发展趋势

我国目前省际对口支援政策实施的基础在于中央集权的垂直政治体系，是一种以行政性指令为支撑前提的政策手段。主要通过对“公共财政资金”“人力资源、物质及其他社会力量”以及“推进区域间市场化长期合作”等几个方面所实施的援助行为。

从对口支援未来的发展趋势而言，一方面，地方政府之间的“公共财政资金”不可能长期无偿援助，可以借鉴世界成熟的分税制财政体制国家的做法，将其逐步纳入规范化、制度化，甚至法制化的横向财政转移支付。在促进各区域之间协调发展进程中，合理界定纵向与横向财政转移支付各自的功能边界和服务范围。大致可以将区域间“民生帮扶”“灾难及突发事件救助”及“区域间环境保护与共同开发”等限于“短期内能够见效”等性质的项目纳入横向财政转移支付，并尽可能建立相应的执行细则标准和绩效考评体系，以提高横向公共财政资金的使用效率；另一方面，地方政府所援助的“人力资源、物质及其他社会力量”等，其中一部分可充分发挥行政指令方式在短期内的积极作用，依然可实行行政方式，在一定范围和程度上可提高实际的援助效率，尤其对突发事件的对口援助更为显现。另一部分则可依据政府优惠政策导向下的经济手段，结合市场化的配置方式实施。最后，我国省际对口支援政策实施的最终目的不仅在于实现政策运行的短期目标，更重要的是通过市场自身力量及科学合理的统筹规划，逐步建立区域间对口援助的长效运行机制，不断“推进区域间市场化长期合作”，促进地区间社会经济的长期稳定增长和协调发展。

对口支援政策的长效运行机制，其主要目的在于培育受援地区长期市场竞争能力和“造血”机能，以最终实现援助双方的互利共赢、共同发展。通过长期合作等方式，在政府间接的经济手段引导和优惠政策导向下的市场化、法制化行为。其运作模式必须尊重市场经济的基本规律。通过中央层面与各地方政府之间科学合理的统筹规划，将我国对口支援政策的实施“规范化或制度化”，才能为长效运行机制的“市场化”奠定可行的基础，逐步促进和强化受援地区“市场化”的形成。由于政策实施的行政性基础，与“法制化”运作内涵尚存在一定距离。从政策运行的整体而言，“法制化”实现较为困难，是一个漫长的过程。只能随着市场机制和法制社会的不断进步而逐步完善。就目前来看，只能依靠科学的行政、法规手段，使其逐步规范化、制度化。

参考文献

[1] 钟开斌．对口支援灾区：起源与形成［J］．经济社会体制比较，2011（6）：140－146.

[2] 刘铁．试论对口支援与分税制下财政均衡的关系——以《汶川地震灾后恢复重建对口支援方案》为例的实证分析［J］．软科学，2010（6）：58－61.

[3] 宋耀辉，马慧兰．“对口援疆”政策的理论探索及建议［J］．新西部，2012（第2、3合期）：8－10.

[4] 赵明刚．中国特色对口支援模式研究［J］．社会主义研究，2011（2）：56－61.

[5] 何遐祥．横向财政转移支付法律制度研究［J］．甘肃政法学院学报，2006（9）：107－111.

[6] 杨道波．地区间对口支援和协作的法律制度问题与完善［J］．理论探索，2005（6）：157－159.

[7] 耿梅慧．我国横向财政转移支付法律制度研究［J］．劳动保障世界，2011（11）：73－75.

[8] 王蕾，王海萍．德国的财政转移支付制度及对我国的启示［J］．财经论丛，2001（1）：35－39.

[9] 王恩奉，汪文志．“削峰填谷”式横向财政转移支付方法实证研究［J］．地方财政研究，2008（12）：41－44.

[10] 廖红丰，马玲．横向财政转移支付的合作博弈分析［J］．郑州经济管理干部学院学报，2005（20）：21－25.

[11] 张庆杰．完善管理体制机制　促进区域协调发展［J］．宏观经济管理，2009（1）：44－46.

[12] 陈秀山，张启春．转轨时期财政转移支付制度的区域均衡效应［J］．中国人民大学学报，2003（4）：69－76.

[13] 赵延海．对口援疆资金的监督管理问题研究［J］．时代金融，2011（11）：55－73.

[14] 俞晓晶．从对口支援到长效合作：基于两阶段博弈的分析［J］．经济体制改革，2011（5）：37－39.

[15] 刘铁．论对口支援长效机制的建立——以汶川地震灾后重建对口支援模式演变为视角［J］．西南民族大学学报（人文社会科学版），2010（6）：98－101.

[16] 邓宏兵，杨喻兵．灾后对口支援框架下产业转移与承接的模式与途径——以汶川地震灾区为例［J］．华中师范大学学报（自然科学版），2012（4）：218－223.

[17] 刘铁．从对口支援到对口合作的演变论地方政府的行为逻辑——基于汶川地震灾后恢复重建对口支援的考察［J］．农村经济，2010（4）：42－44.

[18] 张建欣，罗江华，王辉．“5·12 地震”灾区教育信息化发展相关政策分析及其意义探讨［J］．现代教育技术，2011（2）：28－32.
[19] 王忠东，郭松朋．论对口支援工作中的政府责任［J］．内蒙古农业大学学报（社会科学版），2009（3）：133－135.
[20] 沈文伟，黄月珍．中国灾区重建对口支援政策之分析——以汶川地震为例［J］．浙江工商大学学报，2012（7）：71－77.
[21] 国家民委政策研究室．1988：242.
[22] 李文．湖南非灾区支援灾区耕牛［N］．人民日报，1955－04－27（2）［2013.8］.
[23] 特约评论员．万众一心抗灾害［N］．人民日报，1978－11－11（1）［2013.8］.
[24] 陈雁，翟启运．暖流，在中华大地涌动——［扶贫济困送温暖］［N］．人民日报，1997－02－03（2）［2013.8］.
[25] 熊明银．地区协作促发展［N］．人民日报，1998－10－16（3）［2013.8］.
[26] 李安达，张玉来．科学规划 依靠群众 对口支援——吉林省受灾区重建家园一年解困［N］．人民日报，1999－12－24（1）［2013.8］.
[27] 张理源．民政部对口支援方案落实情况调查［N］．人民日报，2002－01－13（3）［2013.8］.
[28] 孙翊刚，王文素．中国财政史［M］．北京：中国社会科学出版社，2007.
[29] 安体富，任强．公共服务均等化：理论、问题与对策［C］．中国财政改革回顾与展望研讨会，2008（2）：22－27.
[30] 王泽彩．财政均富论［M］．北京：经济科学出版社，2008.
[31] David Romer. Advanced Macroeconomics Theory（second edition）［M］. Beijing：National Industry Press，2001.
[32] 缪尔达尔．经济理论与不发达区域［M］．北京：商务印书馆，1957.
[33] 张恒龙，陈宪．构建和谐社会实现公共服务均等化［J］．地方财政研究，2007（1）：13－17.
[34] 倪锋，张悦，于彤舟．汶川大地震对口支援初步研究［J］．经济与管理研究，2009（7）：55－62.
[35] 安体富，任强．公共服务均等化：理论、问题与对策［J］．财贸经济，2007（8）：48－53.
[36] 豆建民．区域经济理论与我国的区域经济发展战略［J］．外国经济管理，2003（5）：2－6.
[37] 苏明．财政现实问题研究［M］．北京：经济科学出版社，2008.
[38] 安体富．“跑步钱进”考问转移支付制度改革［J］．人民论坛，2008（18）：39－42.
[39] 丛树海．财政支出学［M］．北京：经济科学出版社，2001.
[40] 江杰，李志慧．地方财政能力差异与转移支付均等化效应分析［J］．地方财政研究，2006（3）：21－25.
[41] 蒙慧，李紫烨．对口援助与落后地区经济开发区建设问题研究——以广东等省市援助喀什国家级特殊经济开发区为例［J］．河北大学学报（哲学社会科学版），2012（4）：65－72.
[42] 蓝红星，郑长德．“5·12”汶川特大地震灾区恢复重建发展的经验及对策研究［J］．安徽农业科学，2011，39（6）：3588－3591.

[43] 钟周，赵琳，李越．清华大学对口支援青海大学的研究与实践［J］．清华大学教育研究，2009（5）：109－103.

[44] 东北财经大学经济与社会发展研究院课题组．应对重大自然灾害的资金筹措与运行机［J］．经济研究参考，2008（59）：5－15.

[45] 王健康．如何完善赈灾及灾后恢复重建资金的筹措、使用与监督机制［J］．西部论丛，2008（8）：54－56.

[46] 冯俏杉．汶川地震灾后重建资金的筹集与管理［J］．地方财政研究，2008（9）：25－27.

[47] 孙克竟．重大自然灾害资金筹措及其配置问题研究［J］．经济与管理，2008（8）：11－15.

[48] 曾军平．政府间转移支付制度的财政平衡效应研究［J］．经济研究，2000（6）：27－32.

[49] 张恒龙，陈宪．政府间转移支付对地方财政努力与财政均等的影响［J］．经济科学，2007（1）：15－23.

[50] 国家发展改革委宏观经济研究院课题组．促进我国的基本公共服务均等化［J］．宏观经济研究，2008（5）：7－12.

[51] 花中东．对口支援促进基本公共服务均等化效应分析［J］．西安财经学院学报，2010（5）：75－81.

[52] 花中东，刘忠义．省际对口支援政策促进地方经济增长效应实证研究［J］．滁州学院学报，2012（1）：76－79.

[53] 审计署．汶川地震灾后恢复重建跟踪审计结果（一、二、三号）.

[54] VERE－JONES. Forecasting earthquakes and earthquake risk［J］. International Journal of Forecasting，2005（11）：503－538.

[55] 国务院新闻办公室新闻发布会．国新办就四川汶川地震及灾损评估情况举行发布会［EB/OL］.（2008－9－4）. http：//www. china. com. cn/zhibo/zhuanti/2008－09/04/content_13692708. htm.

[56] 花中东，周理瑞．省际对口支援政策与转移支付制度的互补效应研究［J］．商业时代，2014（7）：40－42.

[57] 花中东，周理瑞．四川灾区对口援助的财政均等化效应研究［J］．安庆师范学院学报（社会科学版），2014（2）：131－135.

[58] 高军，王晓丹．“省直管县”财政体制如何促进经济增长——基于江苏省2004—2009年数据的实证分析［J］．财经研究，2012（3）：4－13.

[59] 李夏影．“省直管县”财政体制对县域经济增长影响研究——以湖北省为例［J］．北方经贸，2010（10）：51－54.

[60] 肖文，周明海．财政分权与区域经济增长——基于省级以下的实证分析［J］．浙江大学学报（人文社会科学版），2008（4）：73－83.

[61] 周黎安．晋升博弈中政府官员的激励与合作——兼论我国地方保护主义和重复建设问题长期存在的原因［J］．经济研究，2004（6）：33－40.

[62] 周黎安．中国地方官员的晋升锦标赛模式研究［J］．经济研究，2007（7）：36－50.

[63] Barro R，Sala-i-Martin X. Public finance in models of economic growth［J］. Review of Economic Studies，1992（59）：645－661.

[64] GeoffreyA. Jehle and PhilipJ. Reny. Advanced Microeconomics Theory [M]. Beijing: National Defence Industry Press, 2001.
[65] 于津平. 外资政策、国民利益与经济发展 [J]. 经济研究, 2004 (5): 49-57.
[66] 沈坤荣, 耿强. 外国直接投资、技术外溢与内生经济增长——中国数据的计量检验与实证分析 [J]. 中国社会科学, 2001 (5): 82-93.
[67] 国家民委. 中华人民共和国民族政策法规选编 [M]. 北京: 中国民航出版社, 1997.
[68] 蒋洪. 财政学 [M]. 上海: 上海财经大学出版社, 2000.
[69] 朱勇. 新增长理论 [M]. 北京: 商务印书馆, 1999.
[70] 平新乔. 财政原理与比较财政制度 [M]. 上海: 上海三联书店出版社, 1991.
[71] 缪尔达尔. 经济理论与不发达区域 [M]. 北京: 商务印书馆, 1957.
[72] 颜世廉, 涂光华. 新编统计学原理 [M]. 长沙: 长沙中南工业大学出版社, 1995.
[73] 张可云. 区域经济政策 [M]. 北京: 商务印书馆, 2005.
[74] 张耀辉. 区域经济理论与地区经济发展 [M]. 北京: 中国计划出版社, 1999.
[75] 白雪梅. 中国区域经济发展的比较研究 [M]. 北京: 中国财经出版社, 1998.
[76] 陈家海. 适度差异与系统优化: 中国现代化进程中的区域经济 [M]. 北京: 中国社会科学出版社, 2000.
[77] 孙翊刚, 王文素. 中国财政史 [M]. 北京: 中国社会科学出版社, 2007.
[78] 国家民委政策研究室. 国家民委民族政策文件选编 (1979—1984) [M]. 北京: 中央民族出版社, 1988.
[79] 孙开, 彭健. 财政管理体制创新研究 [M]. 北京: 中国社会科学出版社, 2004.
[80] 朱丘祥. 分税与宪政——中央与地方财政分权的价值与逻辑 [M]. 北京: 知识产权出版社, 2008.
[81] 宋立, 刘树杰. 各级政府公共服务事权财权配置 [M]. 北京: 中国计划出版社, 2005.
[82] 范游恺. 深化省以下分税制财政体制改革的对策 [M]. 呼和浩特: 内蒙古人民出版社, 1998.
[83] 刘长琨. 德国财政制度 [M]. 北京: 中国财政经济出版社, 1998.
[84] 项中新. 均等化: 基础、理念与制度安排 [M]. 北京: 中国经济出版社, 2000.
[85] 胡东书. 经济发展中的中央与地方关系: 中国财政制度变迁研究 [M]. 上海: 上海人民出版社, 2001.
[86] 项怀诚. 中国财政管理 [M]. 北京: 中国财政经济出版社, 2001.
[87] 孙开. 地方财政学 [M]. 北京: 经济科学出版社, 2002.
[88] 苏明. 财政理论与财政政策 [M]. 北京: 经济科学出版社, 2003.
[89] 胡鞍钢, 王绍光. 政府和市场 [M]. 北京: 中国计划出版社, 2003.
[90] 贾康. 地方财政问题研究 [M]. 北京: 经济科学出版社, 2004.
[91] 陈华恒, 蒋远胜, 王玉峰. 汶川地震灾后对口援建资金运行机制、问题及对策 [J]. 政策研究, 2010 (11): 21-23.
[92] 国家统计网 (中国统计信息网) http: //www. stats. gov. cn/;
四川统计 http: //www. sc. stats. gov. cn/.
其他相关网站资料, 主要网站名: http: //www. stats. gov. cn; http: //www. china.

com. cn； http//www. drcnet. com. cn/drcnet. common. web； http：//www. edu. cn； http：//www. molss. gov. cn；http//www. moh. gov. cn；etc.

[93] 李克强．2010 年 3 月 29 日在全国对口支援新疆工作会议上的讲话［EB/OL］. http//www. gov. cn/ldhd/2010－03/30/content－1569379. htm.

[94] 徐孟洲．健全财政转移支付法律制度的思考［N］. 法制日报，2004（26）.

[95] 国务院新闻办公室新闻发布会．国新办就四川汶川地震及灾损评估情况举行发布会［EB/OL］.（2008－09－04）. http//www. china. com. cn/zhibo/zhuanti/2008－09/04/content－16392708. htm.

[96] 青莘县建设管理信息中心．省对口支援地震灾区灾后恢复重建工作会议［EB/OL］.（2008－07－25）［2013－05－15］. http：//www. qingxin. gov. cn.

[97] 国务院办公厅．国务院关于印发汶川地震灾后恢复重建总体规划的通知［EB/OL］.（2008－09－23）［2013－06－12］. http：//www. gov. cn/zwgk/2008－09/23/content－1103686. htm.

[98] 国务院办公厅．国务院关于印发汶川地震灾后恢复重建对口支援方案的通知［EB/OL］.（2008－06－18）［2013－06－15］. http：//www. gov. cn/zwgk/2008－06/18/content－1019966. htm.

[99] 刘建军．对口支援政策研究——以广东省对口支援哈密地区为例［D］. 乌鲁木齐：新疆大学硕士学位论文，2007.

[100] KEIDEL. A. China regional disparities：the causes and impact of Chinese regional inequalities in income and well-being［EB/OL］.（2007－11－01）［2013－11－22］. http：//www. carnegieendowment. org/.

[101] WATTS J. Sichuan quake：China earthquake reconstruction to cost MYM150bn［EB/OL］.（2008－08－15）［2013－12－15］. http：//www. guardian. co. uk/world/china.

[102] 四川省对口支援办公室关于 2009 年上半年 18 各省（市）对口支援工作进展情况的报告（川对援办〔2009〕29 号［Z］），2009.

[103] 教育部．关于进一步深入开展对口支援西部地区高等学校工作的意见（教高〔2006〕12 号［Z］），2006.